Don Baker
Emery Nester

Zurück ins Leben

Don Baker
Emery Nester

ZURÜCK INS LEBEN

DIE GESCHICHTE EINER DEPRESSION

Brunnen-Verlag · Basel und Gießen

ABCteam-Bücher erscheinen in folgenden Verlagen:
Aussaat- und Schriftenmissions-Verlag Neukirchen-Vluyn
R. Brockhaus Verlag Wuppertal
Brunnen-Verlag Basel, Gießen (und Brunnquell Verlag)
Christliche Verlagsanstalt Konstanz
(und Friedrich Bahn Verlag / Sonnenweg Verlag)
Christliches Verlagshaus Stuttgart
(und Evangelischer Missionsverlag)
Oncken Verlag Wuppertal

Titel der amerikanischen Originalausgabe:
»Depression«
© 1983 by Don Baker, Emery Nester
1983 erstmals erschienen bei
Multnomah Press, Portland, Oregon

Übersetzung: Heinz-Martin Adler
              Ulrike Zellmer-Wettach

2. Auflage 1988
© 1986 by Brunnen-Verlag Basel
Umschlag: Willi Spirig, Rorschach
Herstellung: Clausen & Bosse, Leck

ISBN 3 7655 2374 7

Für Martha,
die unbeirrbar beistand,
als ihr Mann
diese dunkle Zeit durchmachte,
und
für Mary Ann,
die uneigennützig zurückstand,
als ihr Mann
sich dieser großen Aufgabe stellte.

Inhalt

Vorwort   9

Teil I – Der Pfad durchs Dunkel

Station 7E   13
»Es wird Ihnen wieder besser gehen«   20
Verdrängte Trauer   24
Unterwegs mit einem Freund   28
Vereinsamung   34
Todessehnsucht   39
»Sind Sie psychisch krank?«   45
Gruppentherapie   51
Hat Gott mich verlassen?   57
Meine Leidensgenossen   62
Die Familie   67
Beruflich am Ende   72
Ein neuer Anfang   76
Mein letzter Feind   80
Wieder im Dienst   87

Teil II – Wege zum Verständnis

Meine Beziehung zu Don Baker   97
Grundzüge und Erscheinungsformen der Depression . . 101
Selbstkonzept und Depression 108
Gefühle, die wir nicht loswerden 115
Die helfende Familie 121
Selbsthilfe 130
Erziehung – Hilfe und Vorbeugung gegen Depression . 136
Hilfe durch einen veränderten Lebensstil 143

Selbstmord 153
Besondere Probleme von Christen 160
Wenn ein Therapeut depressiv wird 169

Quellenverzeichnis 172

Vorwort

Wer noch nie depressiv war, dem ist es nicht möglich, den tiefen, verwirrenden Schmerz, der mit der Depression einhergeht, wirklich zu verstehen.

Vier endlos scheinende Jahre lang war mir äußerlich nichts anzusehen, kein Verband, keine Krücken, keine Narben. Dennoch war da dieser unaufhörliche und undefinierbare Schmerz, den keine tastende ärztliche Hand lokalisieren und kein Medikament wirklich aufheben konnte. Nur dieser Schmerz und mit ihm das Verlangen nach Vergessen – ein Vergessen, das mir lediglich in allzu kurzen Augenblicken eines ruhelosen Schlafes vergönnt war.

Ich hatte den Bezug zur Realität verloren. Alle Eindrücke waren verschwommen, verzerrt. Mein Leben bestand nur noch aus bizarren Vorstellungen und Phantasien. Und niemand schien wirklich Anteil zu nehmen – nicht einmal Gott. Zuzeiten sah ich nur noch einen Ausweg: Selbstmord.

Mir anhören zu müssen, daß Christen nicht depressiv werden, ließ mich bloß noch tiefer in dem schwarzen Loch meiner Depression versinken.

Der Weg hinaus aus diesem schwarzen Loch war unendlich mühsam und qualvoll und ein Weg, den ich nur dank der kundigen Hilfe eines Freundes finden konnte. Emery ging mit mir durch meine Dunkelheit und half mir geduldig, Schritt für Schritt, auf dem langen Weg – zurück ins Leben.

Der erste Teil dieses Buches gibt meine Erlebnisse wieder, während mein Freund und Therapeut Emery im zweiten Teil Grundsätzliches zum Thema Depression erarbeitet. Wir möchten unsere Erfahrungen und Einsichten weitergeben, um anderen – nicht zuletzt Christen – in ihrer Depression Trost und Mut

zuzusprechen und ihnen, aber auch Angehörigen und Freunden, Wege zur Hilfe zu weisen.

Don Baker

Teil I

Der Pfad durchs Dunkel

Don Baker

Station 7E

Herr, du kennst all mein Begehren,
und mein Seufzen ist dir nicht verborgen.
Mein Herz erbebt, meine Kraft hat mich verlassen,
und das Licht meiner Augen ist auch dahin.

Psalm 38, 10–11

Die Station 7E war mir wohlvertraut. Mit ihren kahlen gelben Wänden und den frisch polierten Kunststoffböden war sie typisch für eine psychiatrische Klinik. Wie oft war ich schon an solchen Orten gewesen und hatte Menschen besucht, die an psychischen Störungen litten.

Wenn ich durch diese sterilen, stillen Korridore ging, beschlich mich jedesmal eine dumpfe Angst, die in den Tiefen meines Bewußtseins lauerte. Hinter jeder Tür verbarg sich eine Geschichte. Ich hatte sie alle gehört; die des geistesgestörten Kriminellen, des Depressiven, des Alkoholikers, des Gewalttätigen, des Drogenabhängigen. Und wie oft hatte ich versucht, mit denen zu reden, die vergessen hatten, wie man sich anderen mitteilt.

Jedesmal hatte ich mich dabei unwohl gefühlt.

Diesmal jedoch empfand ich nackte Furcht. Meine innere Abwehr hatte sich zur Angst vor einer Katastrophe gesteigert. Die ganze Atmosphäre signalisierte, daß etwas Drohendes, Ungewisses auf mich zukam. Ich fühlte mich unendlich gedemütigt und total durcheinander. Das Empfinden, aufbegehren zu müssen, war so stark, daß ich es kaum noch kontrollieren konnte.

Denn wieder einmal wurde ich durch die stillen Gänge der Station 7E geführt; doch dieses Mal nicht als Pastor – sondern als Patient.

13

Seit Jahren hatte ich darum gerungen, die plötzlichen Stimmungswechsel zu ergründen, die mich von Momenten der Hochstimmung in tiefste Verzweiflung stürzen konnten.

Mit Freude und Vollmacht hatte ich gepredigt, mit Begeisterung und Erfolg anderen den Weg zu Christus gezeigt. Einfühlsam und verständnisvoll hatte ich Seelsorge betrieben. Stets war ich gern mit anderen Menschen zusammen. Und dann geschah es immer wieder, ohne jede Vorwarnung, daß alles Positive und Freudige plötzlich durch Schwermut und Empfinden von Ohnmacht verdrängt wurde. Dann zog ich mich zurück und gab mich einem Denken hin, das viel von dem Zwanghaften einer Wahnvorstellung hatte. In diesem Zustand glaubte ich, total versagt zu haben, und kam mir minderwertig vor. Gelegentlich dachte ich sogar ernsthaft an Selbstmord.

Manchmal war ich davon überzeugt, daß mein Problem ein geistliches sei. Auf der Suche nach einer Antwort studierte ich dann hingebungsvoll meine Bibel, rang im Gebet um Klarheit, bekannte alle meine Sünden, indem ich alles Negative, dessen ich mich erinnern konnte, aus meinem Gedächtnis hervorkramte, und schrie zu Gott um Hilfe.

Ein anderes Mal war ich davon überzeugt, daß mein Problem rein körperliche Ursachen hatte. »Ich arbeite zuviel«, sagte ich mir und suchte nach Wegen, meine Last zu vermindern, oder, was noch besser war, für ein paar Tage oder Wochen auszusetzen, um mir auf diese Weise Erleichterung zu verschaffen. Ich hatte so viele Diagnosen, wie ich Ärzte hatte.

Der Kampf erreichte seinen unvermeidlichen Höhepunkt, als ich mich eines Tages zu schwach fühlte, um meinen Dienst weiter zu tun. Ich war viel zu aggressiv, um lieben, und zu ängstlich, um predigen zu können.

Es war an einem Sonntagmorgen, als ich zusammenbrach. Ein lieber Bruder in Christus, einer unserer Diakone, fand mich, wie ich von Weinkrämpfen geschüttelt am Boden lag. Ich war unfähig aufzustehen. Ich wollte nicht mehr. Ich war am Ende.

Die folgenden Wochen und Monate waren so sehr durch immer neue Schübe von Depression gekennzeichnet, daß ich nicht mehr ein noch aus wußte und mit meiner Familie übereinkam, als letzten Ausweg kompetente psychiatrische Hilfe zu suchen.

14

Als sich die Stahltür zu Station 7E hinter mir schloß, hatte ich nur ein übermächtiges Empfinden: Mit meinem bisherigen Leben war es vorbei. Nie wieder würde ich das Vertrauen einer Gemeinde genießen, nie mehr Hirte sein.

Für Tage zog ich mich in einen Nebel zurück, den mir die Medikamente ermöglichten. Zu meinem Leidwesen mußte ich allerdings das Zimmer mit einem geistesgestörten Kriminellen und einem anderen Patienten teilen, der wie eine lebende Leiche herumwandelte.

Ich nahm keinerlei Hilfsangebote an und widersetzte mich jedem Versuch, mein Schweigen zu durchdringen. Möglichkeiten, Freunde zu sehen, ließ ich ungenutzt. Der einzige Mensch, der die Mauer zu durchbrechen vermochte, die mich umgab, war meine Frau.

Zu diesem Zeitpunkt waren sich die Ärzte nur über eines im klaren: Ich hatte eine Depression, deren Ursache oder Ursachen jedoch nicht erkennbar waren. Der Begriff »Depression« war mir nicht neu. Aber er widerstrebte mir.

Ich erinnerte mich, bei Martyn Lloyd-Jones über Depressionen gelesen zu haben: »Ein depressiver Christ ist gewissermaßen ein Widerspruch in sich, und er ist ein sehr schlechtes Zeugnis für das Evangelium.«[1]

Bob George, der Leiter eines bekannten Seelsorgezentrums in Dallas, Texas, hatte in einer christlichen Zeitschrift festgestellt: »Als Kinder Gottes brauchen wir nicht deprimiert zu sein oder uns als Versager zu fühlen. Gott hat uns alles gegeben, was wir für ein ihm wohlgefälliges Leben benötigen.«[2] Und weiter: »Wenn ein gläubiger Mensch keine Freiheit und Freude im Geist erlebt, kann dies nur daran liegen, daß er blind ist, im Dunkeln tappt und vergessen hat, daß er rein geworden ist von seinen früheren Sünden (2. Petr. 1,9). Er hat vergessen, welche Stellung der Gläubige in Christus innehat.«[3]

Tim LaHaye stellt in einem Buch fest, daß die meisten Depressionen auf Selbstmitleid zurückzuführen seien. Andere haben Depressionen rundheraus als Sünde bezeichnet.

Zugeben zu müssen, daß ich depressiv war, war deshalb, gelinde gesagt, höchst deprimierend.

Ich haßte dieses Wort! »Depression« – für mich war das letztlich gleichbedeutend mit Sünde. Mein begrenztes Wissen über

Depressionen in ihren vielfältigen Formen vermischte meine Schwermut mit Schuldgefühlen und meine Frustration mit Ärger.

In dem Versuch, mich mit der Wirklichkeit meines Problems vertraut zu machen, stellte man mir in der Klinik behutsam forschende Fragen.

»Wie fühlen Sie sich?«

Nur langsam und unter großen Schwierigkeiten konnte ich mich überhaupt zu einer Entgegnung durchringen. »Ich weiß es nicht«, lautete meine erste Antwort. Sogar meine Gefühle waren nicht mehr greifbar, sondern undefinierbar geworden. Wenn ich überhaupt irgend etwas »fühlte«, so hatte ich große Mühe, es in Worte zu fassen. Es schien mir, als habe mein Gehirn aufgehört zu arbeiten; es reagierte nur mit großer Verzögerung.

Langsam kamen mir die Worte; Worte wie
»traurig«
»leer«
»einsam«
»hoffnungslos«
»ängstlich«
»wertlos«
»hin- und hergerissen«
»verstoßen«

»Schlafen Sie gut?«

Hätte ich die innere Energie dazu besessen, ich hätte laut gelacht. Schließlich brachte ich heraus: »Immer«, und: »Nie.« Der Schlaf hatte seine Bedeutung als notwendige Erfrischung verloren – er war so etwas wie ein Fluchtmechanismus geworden. Ich pflegte immer dann in einen hochwillkommenen Schlummer hinüberzugleiten, wenn eigentlich Arbeit getan werden sollte. Während der unerträglich langen Nachtstunden lag ich hingegen hellwach da.

»Was empfinden Sie, wenn Sie an Ihre Arbeit denken?«

»Ich bin ein Versager!« Ich hatte jeden Kontakt mit der Wirklichkeit verloren, denn mein Dienst als Pastor war immer fruchtbar gewesen. Tausende hatten den Weg zu Christus gefunden. Meine Gemeinde liebte mich. Alle Gemeinden, für die ich verantwortlich gewesen war, waren gewachsen. Ich hatte die Bibel geliebt und war ein gern gehörter Verkündiger geworden. Meine Depression (ich begann dieses Wort immer häufiger zu benutzen) hatte meine persönliche Einschätzung meines fruchtbaren und frohen Dienstes dunkel verfärbt.

»Essen Sie gut?«

»Viel zu gut!« antwortete ich. Als ein Psychiater mich fragte: »Was sind Ihre drei vordringlichsten Wünsche?«, fiel mir darauf nur eine Antwort ein: »Ich möchte wieder herunter auf mein Normalgewicht von 75 Kilo.« Damals konnte ich nicht sagen, ob die Depression die Ursache für mein hemmungsloses Essen war oder ob meine schlechten Eßgewohnheiten zur Depression geführt hatten. Heute weiß ich, daß andere ganz anders reagieren können. Sie verlieren jegliches Interesse am Essen. Wie sehr wünschte ich mir damals, mir ginge es genauso!

»Was empfinden Sie in bezug auf sich selbst?«

»Unzulänglichkeit!« Mein Selbstbewußtsein war völlig zerstört. Ich hatte jedes Selbstwertgefühl verloren.

»Was empfinden Sie, wenn Sie an Ihre Familie denken?«

»Ich fühle mich unwürdig!« Ich wußte, sie liebten mich. Doch ich hatte den Eindruck, ich verdiente ihre Liebe nicht. Ich war davon überzeugt, daß die vielen freundlichen Liebesbeweise von Martha, John und Kathy nur gespielt waren. Sie konnten mich unmöglich lieben – nicht in der Situation, in der ich mich augenblicklich befand.

»Wie oft schlafen Sie mit Ihrer Frau?«

Ich konnte mich beim besten Willen nicht erinnern. Nicht nur, daß mein Interesse an Sex ziemlich nachgelassen hatte, zeitweise fürchtete ich sogar, ich sei impotent.

»Fällt es Ihnen schwer, Entscheidungen zu treffen?«

Ich konnte mich nicht einmal entscheiden, was ich darauf antworten sollte. Wochenlang rang ich um Klarheit darüber, ob ich meinen Beruf als Pastor aufgeben sollte oder nicht. Einige Bibelstellen, die ich las, schienen mich zu ermutigen, es nicht zu tun, während andere scheinbar genau das Gegenteil besagten. Und wenn ich betete, war es mir, als bekäme ich jedesmal eine andere Antwort. Hier eine Entscheidung zu treffen, lag offensichtlich außerhalb meiner Möglichkeiten.

»Sind Sie gern mit Menschen zusammen?«

»Nein!« Es war ein entschiedenes »Nein«. »Verschonen Sie mich bloß mit anderen Leuten!« wehrte ich ab.

»Sind Sie oft ärgerlich?«

Bei dieser Frage verbarg ich meinen Kopf in den Händen und begann zu schluchzen. »O ja, und immer über die, die ich am meisten liebe.« Meine Frau hatte die Glut meines unkontrollierten Zorns schon oft zu spüren bekommen; meine Kinder begannen sich zu ducken, wenn ich in ihrer Nähe auftauchte, und auch meine Gemeinde-Diakone und Freunde hatten meine grundlosen Zornesausbrüche kennengelernt.

»Wie fühlen Sie sich, wenn Sie zornig werden?«

»Schuldig! Unsagbar schuldig!« Niemand konnte die Grabesstimmung der Schwermut vertreiben, die mich umgab, weil unzählige Schuldgefühle auf mir lasteten. Und wenn ich auch tausendmal »Es tut mir leid!« stammelte, es änderte nichts. Sogar die unwandelbaren Zusagen Gottes blieben ohne Wirkung. Ich empfand Schuld, selbst dann, wenn ich überhaupt keinen Grund dazu hatte.

»Haben Sie schon einmal an Selbstmord gedacht?«

»Einmal? – Täglich!« Ich bin sicher, daß nur zwei Dinge mich davon abgehalten haben, diesen Gedanken in die Tat umzusetzen: Gottes Gnade und die plastische Erinnerung an Menschen, die Selbstmord begangen hatten, und an diejenigen, die zurückgeblieben waren.

Es war ein weiser und einfühlsamer Berater, der mir diese for-
schenden Fragen stellte und dann freundlich hinzufügte: »Ich
bin sicher, Herr Baker, daß die Diagnose der Ärzte stimmt. Sie
leiden an einer schweren Depression. Sie brauchen Hilfe. Sie
sind hier am richtigen Platz. Aber es wird Ihnen wieder besser
gehen. Es wird eine Weile dauern, aber es wird Ihnen wieder
besser gehen.«

»Es wird Ihnen wieder besser gehen«

Auch mein Leib wird ruhen in Hoffnung.

Apg. 2,26

»Es wird Ihnen wieder besser gehen. Es wird eine Weile dauern, aber es wird Ihnen wieder besser gehen.« Für diese freundlichen Worte werde ich immer dankbar sein. Sie waren schlicht und tiefgründig zugleich – und voller Hoffnung. Wie sehr brauchte ich gerade dieses eine: Hoffnung!

Für einen kurzen Augenblick erhellte ein Lichtstrahl das Dunkel meiner Depression. Es war kein besonders starkes Licht, nicht hell genug, um einen Ausweg oder Antworten auf die vielen offenen Fragen sichtbar zu machen. Es reichte nicht dazu aus, daß ich wieder konkrete Pläne für die Zukunft schmieden konnte, aber es war immerhin ein Lichtstrahl. Er bewirkte, daß ich ein Wort neu aufnehmen konnte – »Hoffnung«.

Ich hegte und pflegte dieses Wort in jedem meiner lichten Momente. Es war das einzige Wort, das mir Kraft gab – in den schier endlosen Nachtstunden zwischen Wachen und Schlafen und an den trotz aller Aktivitäten oft so bedeutungslosen Tagen.

Bevor ich diese mutige, einfache und doch prophetische Aussage hörte, fühlte ich mich hin- und hergerissen zwischen zwei grundverschiedenen Diagnosen.

Eine Gruppe von Ärzten vertrat die Ansicht, daß mir eigentlich gar nichts fehlte. Eine andere Gruppe war der Meinung, daß meine Probleme so groß und schwierig seien, daß ich mei-

20

nen Beruf als Pastor aufgeben müsse. Doch mit keiner der beiden Beurteilungen konnte ich etwas anfangen. Sie verwirrten mich nur.

Aber nun war da auf einmal Hoffnung, gekleidet in die kurzen, aber gewichtigen Worte: »Es wird Ihnen wieder besser gehen!«

Marthas erster Besuch war für uns beide äußerst schwierig. Bei meiner Ankunft auf der Station 7E hatte man mich durchsucht, gebadet und mir meine persönliche Kleidung weggenommen. Als ich dagegen protestierte, sagte man mir kurz und knapp: »Das ist bei uns so üblich. Sie erhalten sie zurück, wenn wir sicher sind, daß Sie keinen Unsinn machen.«

So trug ich einen schlecht sitzenden Pyjama und einen Bademantel, der mir viel zu lang war und über den Boden schleifte. Auch die Slipper waren mir zwei Nummern zu groß.

Ich war rasiert, hatte mir die Zähne geputzt, hatte aber meinen Kamm verloren. Ich muß zerzaust und unordentlich ausgesehen haben. Für einen winzigen Augenblick konnte ich das am Gesicht meiner Frau ablesen, als sie durch die schwere Stahltür hereingelassen wurde. Einen Moment lang verdrängte ein Ausdruck unerwarteter Betroffenheit das ermutigende Lächeln von ihrem Gesicht. Sie hatte sich schnell wieder in der Gewalt, doch zwei Tränen in ihren schönen braunen Augen zeigten, was sie wirklich empfand.

In diesen Tränen spiegelte sich ein Don Baker, den ich bisher nie wahrgenommen hatte. Aller Stolz, alles Geleistete und alles Lobenswerte war von mir abgestreift. Ich war ein Wrack und am Ende. Ich fühlte mich dieser Frau, die ich doch so sehr liebte, zutiefst unwürdig.

Und doch konnte ich, als ich sie in den Armen hielt, nur eins sagen: »Es wird mir wieder besser gehen. Es wird eine Weile dauern, aber es wird mir wieder besser gehen.«

John verbrachte den ersten Sonntag nachmittag mit mir. Wir spielten ein bißchen Billard und sahen ein wenig fern. Kurz bevor er ging, sah ich meinem ältesten Sohn in die verunsichert blickenden Augen und sagte: »Mach dir keine Sorgen. Es wird mir wieder besser gehen. Es wird eine Weile dauern, aber es wird mir wieder besser gehen.«

Kathy schenkte mir ein Gedicht. Auf die ihr eigene, scheue

und doch so feine Art brachte sie darin zum Ausdruck, wie sehr sie mich liebte und bewunderte. Auch bei ihr konnte ich nicht anders, als sie in die Arme nehmen und sagen: »Mach dir keine Sorgen, Liebes. Es wird mir wieder besser gehen. Es wird eine Weile dauern, aber es wird mir wieder besser gehen.«

Sogar Joey kam mich besuchen. Als mich dieser zottige kleine Pudel mit seinen treuen Hundeaugen prüfend ansah, nahm ich seinen Kopf in meine Hände und sagte: »Mach dir keine Sorgen, Joey. Es wird mir wieder besser gehen. Es wird eine Weile dauern, aber es wird mir wieder besser gehen.«

Immer wieder dankte ich während jenen ungewissen und qualvollen Tagen meinem Herrn für den weisen und besonnenen Berater, der sich Zeit genommen hatte, um mir neue Hoffnung zu geben.

Dr. Leonard Crammer schreibt in seinem Buch *Up From Depression* über die verschiedenen Arten der Depression: »Depressionen sind unterschiedlich in ihrer Intensität und Dauer. Man unterscheidet leichte, mittlere und schwere Depressionen. Im allgemeinen wird die leichte Depression trotz ihrer entmutigenden Wirkung relativ leicht überwunden. Mittlere und schwere Depressionen hingegen sind in jedem Fall ernst zu nehmen und bedürfen der Behandlung durch einen Facharzt.

Hinsichtlich der Dauer einer Depression unterscheidet man zwischen einer *akuten*, einer *wiederkehrenden* und einer *chronischen* Depression. Eine *akute Depression* kann – aus welchem Grund auch immer – plötzlich auftreten und von einer bis zu vier Wochen dauern. Sie verschwindet ohne weitere Behandlung ebenso plötzlich, wie sie aufgetreten ist. Eine *periodisch wiederkehrende Depression* ist ein akuter Krankheitszustand, der in unterschiedlichen Intervallen auftritt. Dazwischen liegen stets normale Perioden, die man als Remissionen bezeichnet. Eine *chronische Depression* entsteht langsamer und erstreckt sich über einen längeren Zeitraum, der bis zu zwei Jahren und länger dauern kann. Danach verschwindet sie im allgemeinen wieder.«[4]

Meine Anfälle von Depression schienen sich im Laufe der Zeit von leichten über mittlere bis zu den jetzigen schweren Depressionen gesteigert zu haben.

Nahezu vier Jahre lang hatte ich Depressionen aller Schattierungen kennengelernt. Vier Jahre lang hatte ich mühsam versucht, mich an dem rutschigen Steilhang über diesem tiefen, schwarzen Loch festzukrallen; manchmal war ich ein Stück weit hinabgerutscht, hatte mich aber immer wieder aufgerappelt, nur um nach einer Weile aufs neue abzugleiten – bis ich schließlich nicht mehr konnte. Ich war endgültig in die Tiefe dieser undurchdringlichen Dunkelheit hinabgestürzt.

Aber noch während diese Dunkelheit andauerte, ja sogar noch schwärzer zu werden schien, war da doch dieser Lichtstrahl der Hoffnung, der mich durch jenen weisen und freundlichen Berater, dessen Name ich schon lange nicht mehr weiß, erreicht hatte.

»Es wird Ihnen besser gehen. Es wird eine Weile dauern, aber es wird Ihnen besser gehen.«

Verdrängte Trauer

Und Jesus kamen die Tränen.

Joh. 11,35

Vier Jahre lang hatte ich nach dem Grund für meine Depressionen geforscht und herauszufinden versucht, wo ich in meinem Leben Verluste erlitten hatte. Denn jeder Verlust, sei es der Verlust der Gesundheit, des Arbeitsplatzes, eines geliebten Menschen, des Selbstwertgefühls oder des guten Rufes kann einen Menschen in Depressionen stürzen.

Beim Stichwort Verlust kam mir oft der Gedanke an Hiob. Zuerst verlor er seinen Besitz, dann seine Familie und schließlich sogar seine Gesundheit. Das zweite Kapitel des Buches Hiob schildert, wie er, von Kopf bis Fuß mit Geschwüren bedeckt, in der Asche sitzt und sich mit einer Scherbe kratzt. Er ist am Ende.

– Er verflucht den Tag seiner Geburt (3,1).
– Er beschreibt sein Leben als »Finsternis« und »Dunkel«, als »Verfinsterung am Tage« und als »Schrecken« (3,5).
– Er nennt es »Nacht ohne Dämmerung« (3,9).
– Er wünscht, er wäre am Tage seiner Geburt gestorben (3,11).
– Er sehnt sich nach einem Tod, der aber nicht eintritt (3,21).
– Und er faßt sein Leiden, das ihn pausenlos bedrückt, in die Worte: »Die Pfeile des Allmächtigen stecken in mir; mein Geist muß ihr Gift trinken, und die Schrecknisse Gottes sind auf mich gerichtet« (6,4).

Hiob war in sein schwarzes Loch gefallen.

Martha und ich hatten verschiedene Verluste durchlitten. Wir verloren unseren ersten Sohn drei Monate nach seiner Geburt.

Als ich mich näher mit diesem Verlust befaßte und mit dem anderer Menschen, die uns viel bedeutet hatten, wurde ein bestimmtes Verhaltensmuster sichtbar.

In drei von den vier Todesfällen in unserer Familie, die zu Beginn unserer Ehe eintraten, hatte ich mir die therapeutisch notwendige Erfahrung der Trauer versagt.

Ich hielt die Beerdigungen, betete mit den Angehörigen und gab mich als den Starken aus, der ich in Wirklichkeit gar nicht war.

Mein Vater starb einen Monat nach meinem Dienstantritt als Pastor in meiner ersten Gemeinde. Er war Diakon und Glied dieser Gemeinde gewesen. Er starb an einem Samstag um 2.00 Uhr früh. Kaum 34 Stunden später mußte ich predigen und meinen ersten Abendmahlsgottesdienst halten.

Indem ich mich völlig mit meiner Rolle als Pastor identifizierte, versagte ich mir die wesentlich wichtigere Rolle des Sohnes. Ich weigerte mich zu trauern. Ich wollte nicht schwach sein wie alle anderen. Statt dessen begrub ich meinen Gram unter einem Berg törichter, falscher Vorstellungen, die mich glauben ließen, ich würde Gott Schande bereiten, wenn ich weinte.

Einundzwanzig Jahre später, lange nachdem das mit meinen schweren Depressionen angefangen hatte, sah ich mir im Fernsehen eine Wiederholung des Films »Rifleman« an. Es war Mitternacht. Ich war allein in unserem kleinen Ferienhaus hoch über dem Pazifischen Ozean.

An den Ablauf der Handlung erinnere ich mich heute nicht mehr. Nur ein Eindruck ist unauslöschlich haftengeblieben. In einer Szene traf der Held, Chuck Connors, unerwartet seinen Vater wieder, den er seit langem für tot gehalten hatte, und war darüber tief bewegt.

Damals bekam ich einen Weinkrampf, den ich nicht zu kontrollieren vermochte. Nach etwa einer Stunde rief ich daheim bei Martha an. Ich wollte nur ihre Stimme hören und bat sie, mit mir zu beten.

Meine Tränen waren damals für uns beide noch ein Rätsel – Teil der Depression, wie wir meinten.

Am nächsten Abend sprach ich mit einem Freund über meine Erfahrung. Er bat mich, ihm mehr über meinen Vater zu erzählen. Doch als ich zu reden begann, stieg ein Schluchzen in mir hoch, gegen das ich machtlos war. Und ich begriff langsam, daß ich eine unbewältigte Trauer mit mir herumschleppte, die ich verdrängt hatte, ohne daß mir dies je bewußt geworden war.

Ich hatte auch die Beerdigung meiner Großmutter geleitet. Und ich hatte am Grab meines Schwiegervaters gepredigt. Man erwartete von mir, daß ich die Beerdigung aller lieben Freunde übernahm, die von uns gingen. Von Zeit zu Zeit hatte ich deswegen schwere innere Kämpfe durchzustehen, aber ich behielt sie für mich.

Plötzlich und unerwartet erkrankte eines Tages mein guter Freund M. L. an einem Hirntumor. Er war Arzt. Zwanzig Jahre lang hatten wir viele Erfahrungen miteinander geteilt und waren daran gemeinsam gewachsen. Sechsundzwanzig Tage nach der ersten Diagnose war er tot.

M. L. war mir eine Quelle beständiger Ermutigung gewesen. Er hatte mir selbst dann noch vertraut, wenn andere verständnislos den Kopf über mich schüttelten. Er hatte mich gemocht, mit mir gebetet, mit mir gelacht, mit mir geweint.

Er schenkte mir meine ersten Golfschläger. In einem vergeblichen Versuch, mich vom Druck meiner Arbeit ein wenig zu entlasten, traf er sich des öfteren mit mir auf dem Golfplatz. Mehr als einmal hat er aus Portland in Oregon mit mir telefoniert, wenn ich wieder einmal in Kalifornien in der Klinik war. Unsere Telefonate konnte man kaum als Gespräche bezeichnen, sie bestanden eher aus tränenersticktem Schluchzen.

Als er seine kurze, tödliche Krankheit durchlitt, war auch ich wieder einmal krankheitshalber »stillgelegt«. Erschöpfung und Depression hatten mich gezwungen, zeitweise aus meinen Pflichten auszuscheiden. Deshalb konnte ich ihm weder als Freund noch als Pastor zur Seite stehen. Sein Bruder Dwight leitete die Beerdigung. Der Gottesdienst – einer der am stärksten besuchten und beeindruckendsten, den unsere Gemeinde je erlebte – mußte ohne mich stattfinden.

Trotz aller Erklärungsversuche meinerseits haben viele Freunde von M. L. nie verstanden, warum ich nicht dabei war. Letztlich habe auch ich bis heute keine Erklärung dafür.

Weil ich ihn auf seinem Weg in den Tod und seine Familie in ihrer Trauer nicht begleiten konnte, war ich damals auch nicht fähig, meinen eigenen Schmerz richtig zu bewältigen. Das macht mir heute noch zu schaffen.

War es Schwäche? Schon möglich. Bestimmt meinen viele, ich hätte die Gnade Gottes und seine Kraft nicht ernsthaft in Anspruch genommen und die von einem Pastor zu erwartende Festigkeit vermissen lassen. Heute weiß ich, daß es besser für mich ist, mich mit meiner Trauer auseinanderzusetzen, solange sie noch frisch ist. Nur so läßt sich verhindern, daß sie durch den brüchigen Boden unseres Bewußtseins ins Dunkle des Unterbewußtseins versickert, aus dem sie nur schwer und unter Schmerzen wieder hervorgeholt und bewältigt werden kann.

Unterwegs mit einem Freund

Eisen wird mit Eisen geschärft,
und ein Mensch bekommt seinen Schliff
durch den Umgang mit anderen.

Sprüche 27,17 (Gute Nachricht)

Ich hatte den Kontakt mit der Wirklichkeit völlig verloren.
Gott war nicht real.
Das Leben war nicht real.
Liebe war nicht real.
Meine Frau war nicht real.
Meine Kinder waren nicht real.
Die Freunde waren nicht real.
Ich selbst war nicht real.
Das ganze Leben war nur Einbildung, bestand aus lauter verschwommenen Eindrücken, nichts war mehr genau zu fixieren, so meinte ich wenigstens.

Mehrere Male habe ich versucht, meine Empfindungen niederzuschreiben. Manchmal in Zeiten klaren Bewußtseins und dann wieder in Zeiten, in denen die Depression mich überwältigt hatte. Die Aussagen, Beobachtungen und Wertungen stammten vom selben Verstand, wurden von derselben Hand in dasselbe Notizbuch geschrieben. Doch da endete bereits die Gemeinsamkeit. Als ich diese Notizen später wieder las, wirkten sie, als stammten sie von zwei völlig verschiedenen Personen aus zwei völlig verschiedenen Welten.

In meinem dunklen Loch konnte ich nichts mehr klar erkennen. Jedem Wort mißtraute ich, jede Zuwendung wehrte ich ab und hinterfragte jedes Motiv.

Wenn Martha sagte: »Ich liebe dich!«, konnte ich es ihr nicht glauben.

Postkarten, Geburtstagsgrüße, Weihnachtsgrüße – all das schien mir nur Zeichen leerer, traditioneller Form zu sein; die Wärme und Herzlichkeit, die sich darin ausdrückte, vermochte ich nicht mehr zu erkennen.

Ich ging durch die vertrauten Straßen unserer stillen Vorstadt, doch ich nahm nichts mehr richtig wahr; ich hörte nur die stummen Schreie meiner depressiven Seele.

Jeden Morgen konnte ich in den schönen, schattigen Hof hinausblicken mit seinen Orangenblüten, den blühenden Mandelbäumen und dem satten Grün des dichten Rasens und sah dennoch alles grau in grau, hatte nur düstere Gedanken.

Morgens das Bett zu verlassen, war die schwierigste Aufgabe jedes neuen Tages.

Martha lenkte meine Aufmerksamkeit auf die Vögel. »Hörst du, wie die Tauben gurren?« fragte sie. Ich hörte nichts. Es war, als hätte jemand mein Ohr anders eingestellt, so daß es nur noch Mißtöne wahrnehmen konnte.

Es gab Zeiten, in denen mir jedes Geräusch auf die Nerven ging. Die auf mich einstürmenden Töne wirkten laut und durchdringend. Mitten in einem Gespräch konnte es geschehen, daß ich um Ruhe bat und mir die Ohren zuhielt. Traten zwei Geräusche gleichzeitig auf – zum Beispiel Musik und ein Gespräch –, lösten sie in mir Schmerz und Verwirrung aus.

Martha liebte alles Schöne. »Meine Augen« habe ich sie deswegen oft genannt. Bei gemeinsamen Reisen beschäftigte ich mich vielfach innerlich mit der Vorbereitung von Predigten und ähnlichem. Selbst Marthas plastische Beschreibungen der Schönheiten um uns herum blieben mir dann verschlossen.

Während einem der vielen Klinikaufenthalte lüftete sich für kurze Zeit der Schleier meiner Dunkelheit. Es war still, ich war allein und blickte aus dem Fenster meines im vierten Stock gelegenen Zimmers – ohne wirklich etwas zu sehen.

Für ein paar aufregende Augenblicke jedoch nahm ich plötzlich mit wachem Bewußtsein einen Baum wahr, eine wunderbar gewachsene kalifornische Schierlingstanne. Ich bestaunte die großartigen, weit ausladenden Äste, unter deren Schatten sich ein liebevoll gepflegter Rasen ausbreitete.

Wie eine Pyramide ragte sie hoch empor; ihre majestätische, grüne Krone bildete eine faszinierende Silhouette gegen den strahlend blauen Himmel. Ich beobachtete die weit in die Luft ragenden Enden der Äste mit ihren üppigen, zweifarbigen Nadeln, oben grau und unten silbern, und die herabhängenden Zapfen, die ab und zu leicht an meinem Fenster vorbeistrichen und wie Christbaumschmuck wirkten.

Die zimtrote Rinde faszinierte mich. Ich wollte hinausgreifen, sie abschälen, sie betasten, ihren Duft einatmen.

Es war schön – ach was, nicht nur schön, es war einfach großartig! Ich schrieb ein Gedicht – mein erstes überhaupt, wenn ich mich recht erinnere:

Heute sah ich einen Baum;
majestätisch die Zweige, mit Nadeln so fein
– ich glaubte es kaum.
»Wo bist du gewesen?« fragte ich.
»Seit wann gibt es dich?
Wo bist du gewesen,
daß ich dich heute zum ersten Mal seh'?«

Dann war alles vorbei. Die Dunkelheit setzte wieder ein. Ich zog mich auf mein Bett zurück und konzentrierte mich erneut auf die seltsamen Laute und Schatten meiner eigenen, schwarzen Welt.

Für einen depressiven Menschen ist es wichtig, daß er sich selbst hört. Ich brauchte jemanden, der mir half, die Geschehnisse und Geräusche jener fremdartigen Welt zu deuten.

Meine Familie hatte das oft versucht. Ich sagte ihnen, was ich empfand oder was ich dachte. Aber oft waren meine Empfindungen so durcheinander und meine Gedanken so absurd, daß ich es nicht wagte, sie in Worte zu fassen. Näher auf sie einzugehen, hätte uns alle zu sehr erschreckt.

In einer dieser Phasen dumpfen Brütens tauchte Emery wieder in meinem Leben auf.

Ich »erholte« mich gerade im kalifornischen Isla Vista, als er anrief. Seit Jahren hatte ich ihn nicht mehr gesehen. Früher waren wir oft zusammen mit dem Auto unterwegs gewesen; auch gemeinsame College-Erfahrungen verbanden uns. Er hatte an dem gleichen Rhetorik-Kurs teilgenommen wie meine Frau. Aber seitdem jeder von uns im vollzeitlichen Dienst stand, waren wir uns wegen unserer vielen Verpflichtungen kaum noch begegnet.

»Hier ist Emery«, sagte er. Ich reagierte darauf nur mit einem vorsichtig-abwehrenden »Oh ...«

»Wie fühlst du dich, Don?«

Ich ignorierte die Frage und erkundigte mich: »Wer hat dir gesagt, daß ich hier bin?«

»Bob Gillikin«, erwiderte er.

Emery hatte eine entwaffnende Art. Ein stilles, aber echtes Mitgefühl schwang in seiner Stimme, wenn er sprach. Seinen Fragen war echtes Interesse abzuspüren. Ich fühlte, wie ich mich entspannte, während wir miteinander sprachen.

»Darf ich dich zum Mittagessen einladen?« fragte er.

»Nein.« Meine Antwort kam schnell und endgültig. Keine Erklärung, keine Entschuldigung – nur ein »Nein«.

Kurz danach beendeten wir das Gespräch.

Ich hatte den Eindruck, daß ich mir eine unwillkommene Störung in meinem dunklen Loch erspart hatte. Am nächsten Tag rief er wieder an, stellte die gleiche Frage und erhielt die gleiche Antwort.

Doch er gab nicht auf. Wieder und wieder rief er an, bis er mich in einem Augenblick tiefster Einsamkeit erwischte und ich schließlich einwilligte, mit ihm Essen zu gehen.

Ich hatte keine Ahnung, was da auf mich zukam. Mehrere Male war ich versucht, ihn anzurufen und abzusagen. Dann gab es wieder Momente, in denen ich mich auf die Begegnung freute und ihr voller Erwartung entgegensah.

Als wir uns am Tisch gegenübersaßen, spürte ich keinerlei Distanz zwischen uns, nicht einen Hauch von Abschätzigkeit oder Verurteilung. Ich bekam keine Standard-Anworten zu hören, keine »tiefen Wahrheiten« – er saß einfach da und hörte mir zu.

Und als er den Eindruck hatte, ich habe alles gesagt, was ich hatte sagen wollen, erzählte er mir von einer depressiven Phase in seinem eigenen Leben. In bemerkenswert vielen seiner Schilderungen konnte ich mich wiederfinden.

Außerdem vertraute er mir die Geschichte von dem Nervenzusammenbruch seiner Frau an. Jahrelang hatte sie deswegen nicht die Frau und Mutter sein können, die sie so gern sein wollte.

Er streifte die Zeit, in der er sich von seiner Gemeinde, der er doch nur hatte dienen wollen, »abgeschoben« fühlte.

Nachdem er mir berichtet hatte, was bei ihm in den letzten Jahren noch geschehen war – nach einer weiteren Ausbildung hatte er einen Doktortitel erworben und übte nun eine umfangreiche Seelsorge- und Beratungstätigkeit aus, fragte er schließlich: »Don, kann ich dir irgendwie helfen?«

»Nein«, sagte ich. »Damit werd' ich schon allein fertig.«

Tief im Innern jedoch schrie meine Seele nach jemandem, der zuhören konnte; nach jemandem, der keine vorschnellen Antworten gab, der nicht gleich wertete oder gar richtete. Ich brauchte jemanden, der mir half, Ordnung in das Durcheinander meiner Gedanken zu bringen, ohne an ihnen Anstoß zu nehmen oder sie zu zerpflücken.

Ich war zu verschlossen, zu maskiert, zu verängstigt, um mich zu öffnen. Bisher hatte ich niemandem mein Innerstes offengelegt; sogar vor mir selbst war ich geflohen. Ich hatte mich noch nie ganz der Wirklichkeit meines Lebens gestellt. Ich hatte Angst davor, das Innere nach außen zu kehren und es in Augenschein zu nehmen. Deshalb versuchte ich auch diesmal wieder, mich einzuigeln, mich mit aller Kraft vor einer Bloßstellung zu schützen.

Da erzählte mir Emery eine Geschichte:

»Ein Mann war in der Wüste unterwegs. Er verirrte sich und wußte nicht mehr weiter. Da stieß er auf einen anderen Mann und fragte: ›Entschuldigen Sie, ich habe mich verlaufen. Können Sie mir zeigen, wie ich aus dieser Wüste wieder herauskomme?‹ ›Nein‹, erwiderte der Fremde. ›Ich kann Ihnen auch nicht sagen, wie Sie hier herausfinden; aber vielleicht finden wir den Ausweg, wenn wir ein Stück gemeinsam gehen.‹«

In der Stille, die nun folgte, sickerten diese Worte durch einige ungeschützte Lücken meiner Abwehrstellung. Schließlich entrang sich meinem Inneren ein verzweifelter Hilferuf: »Bitte, Emery, geh' mit mir!«

Von diesem Tag an besuchte ich ihn jeden Abend, wenn er mit seiner Arbeit fertig war. Ich empfand wohl zuweilen so etwas wie Schuld, daß ich Emery und Mary Ann um einen beträchtlichen Teil ihrer recht knapp bemessenen gemeinsamen Zeit brachte, aber sie ließen es mich nie spüren. Ich mußte mir nie wie ein Eindringling vorkommen.

Meine angeschlagene, empfindsame Psyche hätte Zurückweisung nicht verkraften können. Hätte ich auch nur ein einziges Mal den Eindruck gehabt, unerwünscht oder unwillkommen zu sein, ich wäre geflohen und nie wieder zurückgekehrt.

In den langen Gesprächen, die sich nun entwickelten, wurden mir zwei Illusionen gründlich zerschlagen:

1. Daß intensive Seelsorge im Leben eines echten Christen überflüssig sei.

Das hatte ich bisher stets geglaubt. Manchmal hatte ich mich sogar heimlich lustig gemacht über den ganzen Berufsstand der Seelsorger, Psychologen und sonstigen Lebensberater.

Der Psychologe Sidney Jourard hat entdeckt, daß sich ein Mensch erst dann wirklich selbst kennenlernt, wenn er sich mit jemandem aussprechen kann, zu dem er Vertrauen hat.[5]

König David hat diese Therapie oft in den Psalmen angewandt, wenn er seine Empfindungen vor Gott ausbreitete.

2. Daß ich bei der Begegnung mit meinem wahren Ich nur ein scheußliches Monstrum vorfinden würde.

Als ich die Schutzwälle abbaute und Emery und mir einen Blick in mein Inneres gestattete, war ich beides – beglückt und erleichtert. Wir entdeckten, daß es für die meisten meiner Vorstellungen keine wirkliche Grundlage gab – sie waren nichts als Gefühle, ungezähmte, unkontrollierte Gefühle. Vielfach ließen sie sich auf frühere Erlebnisse zurückführen, die ich nicht auf eine gesunde Weise verarbeitet hatte.

Emery ist noch immer mein Seelsorger. Noch immer mahnt er mich, nicht alles zu glauben, was ich denke oder empfinde. Und wenn mich gelegentlich doch noch einmal die Dunkelheit überfällt, ist er da, um wieder ein Stück Weges mit mir zu gehen.

Vereinsamung

Meine Lieben und Freunde scheuen zurück
vor meiner Plage,
und meine Nächsten halten sich ferne.

Psalm 38,12

Zur Aufnahme in die Klinik gehörte auch das Ausfüllen von Formularen und das Hinterlegen von Wertsachen, die man bei sich führte.

Ich wartete geduldig, bis ich an die Reihe kam. Meine Umgebung hatte ich gar nicht richtig wahrgenommen, als ich plötzlich eine vertraute, weibliche Stimme sagen hörte: »Der Nächste bitte!«

Diese Stimme kannte ich! Ich kannte sie sogar sehr gut! Für diese Stimme hatte ich gepredigt, mit dieser Stimme gebetet, mit ihr geweint; diese Stimme, die in meine Stille eindrang, war die Stimme eines »Schafes«, dessen »Hirte« ich war, sie gehörte einem Glied unserer Gemeinde.

In den Sekundenbruchteilen, in denen sich unsere Blicke begegneten, wäre ich am liebsten im Boden versunken, spurlos verschwunden, gestorben. Ich hätte alles getan, um dem Blick dieser Augen auszuweichen, den ich noch auf mir spürte, als ich wenig später durch die schwere Stahltür auf die Station 7E geführt wurde.

Ein Ausdruck ungläubiger Überraschung überflog ihr Gesicht. »Herr Pastor«, brachte sie hervor, »Sie ... hier ...« Ihre Stimme verhallte im Nichts, nachdem sie die ganze Wahrheit erfaßt hatte.

Unser Gespräch hatte kein Ziel. Es wurde nie richtig beendet. Es hatte ja auch nie richtig begonnen. Eigentlich bestand es nur aus einem flüchtigen Gruß und verlegenem Schweigen.

Schnell brachten wir hinter uns, was zu erledigen war. Dann zog sich jeder wieder zurück; ich in meine tief empfundene Demütigung, sie in ihre ungläubige Überraschung.

Wie verhalten sich Schafe, wenn der Hirte krank wird? Genauso wie bei jedem anderen, der krank wird.

Sie beten.

Sie schreiben.

Sie rufen an.

Sie machen Besuche.

NUR IN EINEM FALL NICHT –

wenn die Psyche erkrankt ist.

Wir sagen oft, daß wir uns in der Gegenwart von Trauernden so unbeholfen fühlen. Aber bei psychisch Kranken geht es uns noch schlimmer: Wir sind total unsicher, wie wir uns verhalten sollen.

Noch nie in meinem Leben hatte ich mich so verlassen gefühlt. Sieben Jahre lang hatte ich all meine Zeit, meine Kraft, meine Fähigkeiten und meine ganze Liebe in den Dienst meiner Gemeinde gestellt. Doch jetzt, wo ich selbst Hilfe gebraucht hätte, fand sie keinen Weg zu mir.

Nicht daß sie es nicht gewollt hätte, aber sie wußte nicht wie. Es ist leicht, sich um sichtbare Wunden zu kümmern und für Krankheiten zu beten, die man genau definieren kann. Erkrankungen der Psyche jedoch haftet noch heute etwas von dem Unheimlichen an, das sie im finsteren Mittelalter umgab. Die christliche Gemeinde hat es bis heute nicht gelernt, wie man einem depressiven Menschen richtig begegnet.

Die Verständigung zwischen einem Depressiven und den Menschen, die er eigentlich am meisten liebt, ist voller Rätsel.

Als ich mich zurückzuziehen begann – zunächst von meiner Frau, später von den Kindern und schließlich auch von meiner Gemeinde –, wollte ich ihnen dadurch nur die Last meines Unglücks ersparen. Doch sie mißdeuteten mein Verhalten als Ablehnung.

Je größer der Abstand zwischen uns wurde, desto mehr verstärkte sich bei ihnen der Eindruck, ich würde sie bewußt ablehnen und zurückweisen.

Bevor ich in die Klinik kam, unternahm ich oft lange Autotouren, verbrachte meine freien Tage fern von Zuhause. Die

Gemeinde war großzügig und entband mich auch zwischendurch immer wieder für einige Zeit von meinen Aufgaben. So war ich viel allein.

Wenn ich selbst nicht predigen konnte, mich aber einigermaßen in der Lage fühlte, an einem Gottesdienst teilzunehmen, ging ich stets in eine andere Gemeinde. Ich suchte die Anonymität.

Meine selbstgewählte Isolation wurde von den Menschen um mich her jedoch völlig falsch gedeutet. Sie nahmen an, ich liebe sie nicht mehr und mache mir nichts mehr aus ihrer Gesellschaft.

In Wirklichkeit war es genau umgekehrt. Ich liebte sie zu sehr, um sie in meine Dunkelheit mit hineinzuziehen. Meine Stimmungen und Reaktionen waren so unberechenbar geworden, daß ich Angst davor haben mußte, liebgewordene und wertvolle Beziehungen in einem unbedachten Augenblick für immer zu zerstören.

So griff ich in meiner letzten Zusammenkunft mit unserem Gemeinderat aus heiterem Himmel einen Diakon an, den ich in Wirklichkeit sehr schätzte. Bis heute wird er nicht verstanden haben, wie es dazu kam. Und ich weiß es auch nicht.

Eine weitere Folge meines Verhaltens bestand darin, daß sich meine Familie und meine Gemeinde für die zunehmende Dunkelheit, die mich umschattete, verantwortlich fühlten. Sie entwickelten Schuldgefühle. Wenn ich mich in undurchdringliches Schweigen zurückzog, fragte mich Martha oft: »Was habe ich dir getan?«

Eines meiner früheren Gemeindemitglieder formulierte es in einem Brief: »Bitte, sagen Sie uns, was wir falsch gemacht haben!«

Diese Schuldgefühle und mein abweisendes Verhalten machten alles nur noch komplizierter. Sie vergrößerten die Distanz zwischen mir und meiner Umgebung und machten die Verständigung nicht nur schwierig, sondern zeitweise sogar unmöglich.

Meine Kinder waren davon überzeugt, daß sie der Hauptgrund meiner schlechten Verfassung waren.

So sehr ich es auch versuchte, ich konnte weder meiner Frau noch meinem Sohn, noch meiner Tochter oder meiner Gemeinde begreiflich machen, daß das, was in mir vorging, überhaupt nichts mit ihnen zu tun hatte. Alle litten unter Schuldgefühlen.

Erschwerend kam noch hinzu, daß es keinen Grund für meine Depressionen zu geben schien. Hätte sich eine klare Ursache erkennen lassen, wären nicht so viele Mißverständnisse entstanden. So traten meine dunklen Momente stets ohne Vorwarnung auf und oft mitten in Perioden ungetrübten äußeren Wohlergehens.

Wer noch nie unter einer Depression gelitten hat, wird sich kaum vorstellen können, wie groß und schmerzhaft die innere Not wirklich ist.

Nach außen hin wirkte ich gesund; ich trug keinen Verband und brauchte keine Krücken. Es gab keine sichtbaren Wunden. Und doch war da dieser dauernde, unbestimmbare Schmerz, den kein Arzt richtig deuten und kein Medikament wirklich beseitigen konnte. Der Schmerz war ständig gegenwärtig und mit ihm die Sehnsucht, vergessen zu können – eine Sehnsucht, die nur in den kurzen Perioden eines unruhigen Schlafes eine gewisse Erfüllung fand.

Dennoch empfand ich die Anwesenheit von Menschen, denen ich Verständnis für meine Situation abspürte, als wohltuend und trostvoll.

Die meisten meiner »Tröster« waren jedoch schrecklich ungeduldig mit mir. Viele von ihnen fühlten sich genötigt, die Sätze, die mir nur langsam und mit Mühe über die Lippen kamen, von sich aus zu beenden. Es fiel ihnen schwer, ihr schnelleres Tempo dem meinen anzupassen. Sogar meine Art zu gehen war langsamer. Einige forderten mich auf, ich solle mich »zusammenreißen«. Wieder andere konnten nicht verstehen, daß ich mich nicht dazu aufraffen konnte, etwas anzupacken und durchzuziehen.

Es gab nur einen Menschen, der während der scheinbar endlosen Augenblicke, in denen nichts gesprochen wurde und auch keine Worte nötig waren, neben mir ausharren konnte. Jeden Tag freute ich mich neu auf ihren Besuch. Martha kam meistens in den frühen Abendstunden und meistens allein. Stets strahlte sie etwas Ermutigendes aus, indem sie meine Not wohl nicht überging, aber auch nicht vor ihr kapitulierte.

Genau eine Woche nach meiner Einlieferung auf 7E schrieb

ich in mein Tagebuch: »Martha war heute abend wieder da. Über eine Stunde gingen wir draußen im Park spazieren – es war herrlich. Mit Martha zu sprechen, ist wunderbar. Selbst wenn dies das einzig Gute an dem wäre, was ich durchzumachen habe – es wäre es wert.«

Die Familie eines depressiven Menschen sollte es so rasch wie möglich lernen, den schmalen Pfad zu finden, der sich zwischen eingebildeter Ablehnung und Schuldgefühlen hindurchschlängelt. In den meisten Fällen ist ja die eigene Familie gar nicht schuld an der Depression. Auch sollte die selbstgewählte Isolation eines Depressiven nicht als Ablehnung mißverstanden werden.

Wenn ein solcher Mensch sich zurückzieht, sollten Sie ihn ruhig gewähren lassen, ohne ihm durch Vorwürfe noch mehr Schuldgefühle aufzuladen. Gott wird ihn nicht loslassen. Und je vorbehaltloser Sie seine Stimmungslage akzeptieren, desto schneller und einfacher kann er sich Ihnen wieder öffnen.

Ermutigen Sie ihn, offen über seine inneren Spannungen zu sprechen, ohne daß Sie möglichen törichten Äußerungen zuviel Gewicht beimessen. Unter Umständen wird er zu den Kindern sagen: »Ich hasse euch!« oder zu seiner Frau: »Ich will mich scheiden lassen!« In dem Augenblick, in dem er so etwas sagt, mag er es wirklich ernst meinen. Aber vergessen Sie nicht, seine Gefühle sind wechselhaft und unberechenbar; sie pendeln zwischen Extremen hin und her, aber am Ende werden sie wieder zurück zu einer normalen Ausgeglichenheit finden.

Beten Sie! Philipper 1,6 ist eine Verheißung, die uns einlädt, Gott im voraus für seine Fürsorge und Hilfe zu danken. Wenn Sie mit einem depressiven Menschen beten, formulieren Sie Gebete wie: »Danke, Vater, für deine Gegenwart. Danke, daß du da bist, auch wenn wir nichts davon spüren. Danke, daß diese Depression vorbeigehen wird und das Leben wieder in normale Bahnen kommt. Danke, Vater!«

Denn von dieser Gewißheit können Sie ausgehen: Die Depression wird vorbeigehen.

Todessehnsucht

».. . verfluche Gott und stirb!«

Hiob 2,9

Meinen ersten Morgen auf 7E verbrachte ich in einer Therapiegruppe für Selbstmordgefährdete. Dort lernte ich, daß eine
schwere, lang andauernde und chronische Depression oft mit
Selbstmord endet. In der Liste der Todesursachen in Amerika
steht der Selbstmord an zehnter Stelle. Bei Studenten ist er die
zweithäufigste Todesursache, und bei der Gruppe der bis zu
Fünfundfünfzigjährigen rangiert er auf Platz fünf.

Der typische amerikanische Selbstmordkandidat ist weißer
Hautfarbe, männlich, Protestant, in seinen Vierzigern, berufstätig, Vater von zwei Kindern.

Dr. Bertram Brown[6], Direktor des *National Institute of Men-
tal Health*, hat festgestellt, daß über achtzig Prozent derer, die
eindeutig durch Selbstmord aus dem Leben geschieden sind,
depressiv waren. Depression geht dem Selbstmord oft voraus.

Dr. Whyte wählte mich als neuesten Kandidaten aus für seinen Versuch, mit gezielten Fragen zur Selbstmordverhütung
beizutragen.

»Haben Sie schon einmal an Selbstmord gedacht?«

»Ja.«

»Welche Methode würden Sie anwenden?«

Gegen diese Frage wehrte ich mich. Ich hatte mich zwar schon
für eine Methode entschieden, aber noch nie darüber gesprochen. Deshalb antwortete ich nur zögernd: »Ich würde mich
erschießen.«

»*Womit?*«

»Mit einem Revolver, Kaliber 22.«

»*Besitzen Sie einen Revolver, Kaliber 22?*«

»Ja.«

»*Wo bewahren Sie ihn auf?*«

»In einer Schublade.«

»*Ist er geladen?*«

»Nein.«

»*Wie würden Sie vorgehen?*«

»Ich würde mich einfach erschießen.«

»Nein«, erwiderte Dr. Whyte, »das meinte ich nicht. Auf welche Weise würden Sie sich erschießen? Würden Sie mit dem Revolver in den Mund zielen, auf den Kopf oder das Herz? Wie würden Sie es machen?«

Der Prozeß, diese dem eigentlichen Selbstmord vorausgehenden Schritte in Worte zu fassen, war schwierig; aber mir wurde dadurch etwas bewußt, was ich nie so klar zu durchdenken gewagt hatte.

Langsam antwortete ich: »Ich würde mich in den Kopf schießen.«

»*In welchem Zimmer?*«

Nur zögernd und widerwillig brachte ich es heraus: »Im Schlafzimmer.«

»*Wessen Schlafzimmer?*«

»Dem von meiner Frau und mir.«

»*Wo im Schlafzimmer?*«

»Vermutlich auf meiner Seite des Bettes, neben dem Fenster.«

»*Zu welcher Tageszeit?*«

Mit jeder neuen Frage haßte ich ihn mehr. Er breitete meine innersten, verborgensten Gedanken vor mir selbst und den anderen hier versammelten Männern aus. Ich wollte ihn anschreien. Ich wollte vor ihm davonlaufen. Aber er war hartnäckig: »Zu welcher Tageszeit?«

»Vermutlich am Nachmittag. Wenn es mir am schlechtesten geht, und wenn niemand von der Familie daheim ist.«

»Wer würde Sie als erster finden?«

So weit hatte ich noch gar nicht gedacht. Langsam erstand vor meinem inneren Auge das fröhliche Gesicht mit den strahlenden Augen – das meiner Tochter. Sie ging in die achte Klasse. Um diese Zeit kam sie, den Arm voller Schulbücher, zusammen mit ihrer Freundin von der Schule nach Hause. Ich hörte förmlich, wie sie die Treppe heraufsprang, die Tür aufstieß und rief: »Vati, ich bin wieder da!«

Er wiederholte die Frage: »Wer würde Sie als erster finden?«

Ich senkte den Kopf und sagte leise: »Meine Tochter – meine Kathy.«

Und ohne mir Zeit zu lassen, fragte er weiter: »Wie würde sie reagieren?«

Ich versuchte, mir ihren Schock, ihr Entsetzen, ihren Unglauben vorzustellen, ihre ängstlichen Versuche vergeblicher Hilfeleistung, ihr Aufschreien, ihre Ohnmacht, ihre Verzweiflung. »Sie würde anfangen zu weinen.«

»Wem würde sie die Schuld geben?«

Es war nicht schwer, diese Frage zu beantworten. Unzählige Male hatte ich Ehen in den verschiedensten Stadien von Zerrüttung kennengelernt und oft genug auch die Folgen eines damit verbundenen Selbstmords. Fast nie geben die Lebenden den Toten die Schuld, fast immer klagen sie sich selbst an. Kathy, deren einziger Beitrag zu meiner Depression gewesen war, daß sie mich unablässig liebte und für ihren Vati betete, die kleine Liebesbriefe und Gedichte geschrieben hatte, um ihren Vati zu ermuntern, Kathy würde sich selbst die Schuld geben.

»Wer würde Sie als nächster finden?«

Ich flehte ihn an, endlich aufzuhören. »Ja, gleich«, erwiderte er. »Beantworten Sie mir bitte nur noch diese letzte Frage: Wer würde Sie als nächster finden?«

»Mein Sohn John, wenn er aus der Schule kommt.«

»Wie würde er reagieren?«

»Er würde es nicht fassen können«, sagte ich. »Enttäuschung und ein tiefer, unkontrollierter Schmerz würden sich vermutlich in Frustration und Zorn entladen.«

»Söhne neigen dazu«, kommentierte Dr. Whyte, »es dem Beispiel ihrer Väter gleichzutun. Es könnte sein, Herr Baker, daß Ihr Sohn in einer für ihn extrem schwierigen Lebenslage sich ebenfalls das Leben nehmen würde, wie es sein Vater tat. Selbstzerstörung ruft neue Selbstzerstörung hervor.

Durch den Selbstmord soll das verhaßte Ich zerstört werden, um allem Leiden ein Ende zu bereiten. In Wirklichkeit ist Selbstmord jedoch ein höchst selbstsüchtiger Akt, der nicht nur das eigene Leben zerstört, sondern zugleich den Keim für die gleiche Handlungsweise im Leben derer legt, die diesen Menschen liebten.«

Ohne daß es mir richtig bewußt geworden war, hatten diese höchst peinlichen Fragen auch dazu dienen sollen, herauszufinden, wie sehr ich bereits gefährdet war, Selbstmord zu begehen.

Es gab in der Tat eine Menge Anzeichen dafür, daß der Risikofaktor bei mir hoch war und meine Gedanken leicht Wirklichkeit werden konnten:

1. Ich hatte bereits einen Plan entwickelt. Die tödliche Waffe zur Ausführung war vorhanden.

2. Beinahe täglich hatte ich diese Möglichkeit erwogen und sogar andere damit beunruhigt.

3. Ich hatte alle zwischenmenschlichen Beziehungen abgebrochen, besonders die wichtigsten – die zu meiner Familie, meiner Verwandtschaft, meiner Gemeinde.

4. Meine Zukunft schien mir trostlos. Ich glaubte nicht daran, wieder gesund zu werden und meinen Dienst wieder aufnehmen zu können.

5. Meine Ansprüche an mich selbst waren unrealistisch. »Versager« lautete mein Urteil über mich selbst.

6. Ich war der typische Selbstmordkandidat: weiß, Protestant, männlich, in den Vierzigern, berufstätig, Vater zweier Kinder.

Und doch hatte dieser kleine Ausblick in die harte Wirklichkeit etwas Entscheidendes bewirkt. Innerhalb weniger Minuten hatte das Wort »Selbstmord« seine schillernde Faszination verloren. Was mir vorher als echte Fluchtmöglichkeit vorgeschwebt hatte, erschien mir nun als fürchterliche Katastrophe. Dr. Whyte nannte Möglichkeiten, um der Gefahr vorzubeugen:

1. Es ist wichtig zu erkennen, daß Depression eine tödliche Krankheit sein kann, weil sie leicht in der Selbstzerstörung endet.
2. Jeder geäußerte Todeswunsch muß ernst genommen werden.

Ich erinnere mich an einen Samstag nachmittag, an dem ich zu einer schwer depressiven Frau gerufen wurde. Ihr Mann hatte sie verlassen, und die beiden Söhne gingen ihre eigenen Wege. Als ich eintraf, saß sie auf ihrem Bett, in der Hand den Revolver ihres Mannes. Sie drückte immer wieder ab, ohne zu bemerken, daß die Trommel entfernt worden war. Mehrere Male hatte sie schon Selbstmordgedanken geäußert, die aber nicht ernst genommen worden waren. Ihr Leben wurde nicht etwa durch mich, den wachsamen Pastor, gerettet, sondern durch jemanden, der die tödliche Waffe klugerweise zum rechten Zeitpunkt unbrauchbar gemacht hatte. Daraus lassen sich weitere Richtlinien ableiten:

3. Entfernen Sie alle tödlichen Waffen und Medikamente aus der Nähe des Gefährdeten.
4. Rechnen Sie damit, daß selbst Christen Selbstmord begehen können.

Ein junger Mann in meiner Gemeinde hatte eines Sonntags Christus als seinen Herrn angenommen. Am Mittwoch gab er ein beeindruckendes Zeugnis; am Donnerstag erschoß er sich. Seine Depression hatte bereits so viele Bereiche seines Lebens in Besitz genommen, daß schon eine kleine Enttäuschung ausreichte, um ihn wieder ins Dunkel zurückzustoßen, und er sich voller Verzweiflung das Leben nahm. Deshalb gilt weiter:

5. Lassen Sie einen depressiven Menschen nicht allein, bis er in sicherer Obhut sachkundiger Helfer ist.

6. Beobachten Sie sorgfältig, ob es zu bemerkenswerten Veränderungen im Verhalten kommt. Ein depressiver Mensch kann plötzlich völlig entspannt und normal wirken. Und der Grund kann durchaus darin liegen, daß er sich endgültig entschlossen hat, seinem Leben ein Ende zu bereiten.

»Sind Sie psychisch krank?«

Was betrübst du dich, meine Seele,
und bist so unruhig in mir?

Psalm 43,5

Nachdem ich an der Therapiegruppe für Selbstmordkandidaten teilgenommen hatte, brachte man mich in einen kleinen Konferenzraum, wo ich mich einem Team von Psychotherapeuten gegenübersah, zwei Männern und drei Frauen. Es fiel kein Grußwort, es kam kein Lächeln, kein Anzeichen dafür, daß mein Eintreten überhaupt zur Kenntnis genommen worden war.

Alle schienen sich voller Konzentration mit irgendwelchen Papieren zu beschäftigen, die stapelweise auf dem Konferenztisch lagen.

Schließlich nickte einer der Anwesenden flüchtig in Richtung eines Stuhles, und ich setzte mich. Die Stille dauerte an. Beklommen rutschte ich auf dem Stuhl hin und her, bis eine Ärztin eine Akte zur Hand nahm, sie flüchtig durchblätterte, mich ansah und fragte:

»Sind Sie Donald Baker?«

»Ja.«

»Ist es Ihnen peinlich, daß Sie hier sind?«

»Ja.«

»Sind Sie psychisch krank?«

Ich hob den Kopf ein wenig und blickte in die teilnahmslosen Augen der Ärztin, die mich befragte. Ich weiß nicht, was ich zu sehen erwartete, als ich ihr ausdrucksloses Gesicht studierte. Vielleicht hoffte ich, dort bereits die Antwort auf ihre Frage zu finden. Hatte sie etwa einen schlechten Scherz gemacht? War es eine rhetorische oder hypothetische Frage?

Ich wartete darauf, daß sie fortfuhr, aber da war nur Stille. Verzweifelt blickte ich von einem Gesicht zum anderen in der vergeblichen Hoffnung, daß mich jemand aus meiner unmöglichen Lage befreien würde. Nach einer Weile, die mir wie eine Ewigkeit vorkam, wurde die Frage noch einmal gestellt:

»Herr Baker, sind Sie psychisch krank?«

Meine Antwort war zweifellos ein klassisches Beispiel innerer Zwiespältigkeit.

Voller Zögern antwortete ich zunächst »Ich weiß nicht«, und gleich darauf zog ich mich auf ein »Ich hoffe nicht« zurück. Aus Furcht vor der unabwendbaren Entblößung meiner Psyche, gegen die ich mich immer gewehrt hatte, rang ich mich schließlich durch zu einem festen, entschlossenen »Nein«. Die Stille dauerte an. Niemand sprach. Schließlich hörte ich eine schwache, niedergeschlagene Stimme, die sich aus irgendeiner Tiefe meiner Seele meldete und ein kaum vernehmbares »Ja« stammelte.

Mir schien es, als habe ich die eine, unvergebbare Sünde bekannt. Nach dem Bekenntnis verspürte ich zwar eine gewisse Erleichterung, doch überwog das Gefühl, daß jetzt der Hammer des Richters niedersausen müsse. Das Urteil war klar. Ich mußte bestraft werden.

Statt dessen fragte die Frau jetzt mit einem überraschenden Ausdruck von Mitgefühl: »Welche Hilfe erwarten Sie von uns?«

»Ich weiß nicht«, antwortete ich mit einem tiefen Seufzer und zugleich unerwartet erleichtert. Dann unternahm ich in langen, bedeutungsschweren Augenblicken den Versuch, das zum Ausdruck zu bringen, wonach ich mich seit beinahe vier Jahren gesehnt hatte.

»Bitte«, stammelte ich, »bitte sagen Sie mir, wie ich aus diesem schwarzen Loch wieder herauskomme.«

Ohne zu zögern, antwortete sie: »Das werden wir tun. Machen Sie sich darüber keine Sorgen, das werden wir tun. Es wird eine Weile dauern, aber wir werden Ihnen helfen.«

»Depression«, erläuterte sie, »hat immer eine Ursache. Sie ist nicht das Ergebnis irgendeiner geheimnisvollen Heimsuchung der Götter. Sie ist eine Krankheit, die aufgrund biologischer und sozialer Faktoren auftritt, die auf komplexe Art und Weise Ihre Gesundheit beeinträchtigen. Diese Faktoren müssen wir entdecken. Sie können von innen heraus, aber auch von außen wirken. Sie können in Ihrem Körper oder aber auch in Ihrer Psyche ihre Ursache haben. Es kann sich um tatsächliche oder um eingebildete Dinge handeln, die wir finden müssen. Aber wenn wir sie erkennen, werden auch Sie das tun. Dann, Herr Baker, wird es Ihnen wieder besser gehen.«

Jahrelang hatte ich nach dem Grund für meine Depression gesucht.

Beinahe wäre ich darüber selbst zum Psychoanalytiker geworden. Ich nannte es »meine Reise in den Mutterleib«. Ich versuchte mich an alle frühen Erlebnisse zu erinnern, die möglicherweise einen negativen Einfluß auf mich ausgeübt hatten.

Ich erinnerte mich daran, daß mich meine Mutter schon von Anfang an abgelehnt hatte. Meine Eltern hatten Zwillinge verloren, zwei Mädchen, und zwar im Alter von einem beziehungsweise zwei Jahren. An die Stelle dieser beiden Mädchen waren zwei Jungen getreten. Als ich unterwegs war, hatte meine Mutter keinen sehnlicheren Wunsch, als daß ich ein Mädchen würde. Bei der Geburt, so erzählte man mir später, habe sie sich geweigert, mich anzusehen – ein oder zwei Minuten lang. Dieses Ereignis hat aber ganz offensichtlich in meiner empfindsamen Psyche nur geringen Schaden angerichtet. Es wurde als eine Art Dauerwitz der Familie immer wieder erzählt. Ich selbst habe es mindestens ebensooft getan wie die anderen.

So intensiv ich es vermochte, vergegenwärtigte ich mir die Situationen, in denen man mir eine Tracht Prügel verabreicht hatte. Diese Prozedur haben sowohl mein Vater wie auch meine Mutter des öfteren bei mir angewandt. Doch sie konnte nicht der Grund meines Traumas sein, erinnerte ich mich doch an eine ganze Reihe von Gelegenheiten, bei denen ich ebenfalls eine Tracht Prügel verdient hätte, sie mir aber erspart blieb.

Im Geiste durchwanderte ich die Klassenzimmer, in denen ich gelernt und gebangt hatte. Ich kehrte an die Orte zurück, an denen wir gewohnt hatten. Dreiundzwanzig waren es gewesen. Ja, wir sind recht häufig umgezogen. Vielleicht hat es sich tatsächlich irgendwie ausgewirkt, daß ich nie einen Ort hatte, an dem ich Wurzeln schlagen konnte. Doch auch andere Leute sind häufig umgezogen, und es hat ihnen nicht geschadet. Auch könnte ich nicht sagen, daß ich mich gegen diese Umzüge gewehrt oder unter ihnen gelitten hätte. Im Gegenteil, sie hatten stets etwas Aufregendes an sich.

Hatte ich die falsche Frau geheiratet, den falschen Beruf ergriffen, die falsche Gemeinde übernommen? Nein, nichts dergleichen kam als Ursache meines Problems in Frage. Ich vertraute Gott mehr als aller menschlichen Weisheit. Ein allmächtiger Gott hatte in beglückender Weise über allen wichtigen Entscheidungen meines Lebens gewacht. Die Jahre positiver Erfahrungen haben die Richtigkeit dieser Entscheidungen eindeutig bestätigt.

War meine Familie depressiv veranlagt? Nicht überdurchschnittlich.

Aber unsere Familie hatte eine sehr hohe Arbeitsmoral. Wir waren alle ausgesprochene Perfektionisten. Diese fast krankhafte Gewissenhaftigkeit hatte ich schon immer in Verdacht, eine der Hauptursachen meiner Depression zu sein.

Ein Psychotherapeut ging so weit, meinen Vater »grausam« zu nennen, weil er uns eine derart hohe Arbeitsmoral aufgezwungen hatte.

Während zwei längeren Klinikaufenthalten unterzog man mich ausgiebigen Befragungen, um meine psychische Grundstruktur aufzudecken. Beide Male stellte sich heraus, daß in einigen Bereichen eine große Kluft bestand zwischen meinen Zielen und meinen physischen, intellektuellen und emotionalen Möglichkeiten, diese Ziele zu erreichen.

Ich habe mir immer hohe Ziele gesteckt. Ich wollte immer die Nummer Eins sein. Ich habe härter gearbeitet, bin länger aufgeblieben, habe mehr gelernt als andere – und das alles nur, um in meinem Beruf zur Spitze zu gehören. Es mag fleischlich klingen, aber ich wollte immer der Größte sein. »Geheiligter Ehrgeiz« nannte ich das.

Während diese Motive mein Handeln bestimmten, fehlten mir andererseits die robuste Gesundheit, die Selbstdiziplin und der scharfe Verstand, die erforderlich waren, um die angestrebten Ziele auch zu erreichen.

Das hat mich zutiefst frustriert.

Ich lebte in der Erwartung, daß mich meine Laufbahn als Pastor kometenhaft nach oben tragen werde.

Als dieses Ziel in immer größere Ferne rückte und meine Versuche, es dennoch zu erreichen, mich immer mehr Energie kosteten, begann ich innerlich in eine fremdartige und bedrohliche Welt abzugleiten – erste Anzeichen einer Depression.

Mein ursprüngliches Ziel erreichte ich nie. Aber alle anderen, denen mehr gelang, erschienen mir als Konkurrenten, die es zu besiegen galt, ja sogar als Feinde. Ich habe sie zutiefst um ihren Erfolg beneidet.

Im Dienst für Gott erfolgreich sein zu wollen, kann einen völlig niederdrücken. Ein fleischliches Ziel kann nur mit fleischlichen Methoden erreicht werden. Fleischliche Methoden aber stützen sich auf menschliche Strategien, Programme, Möglichkeiten und Kräfte – und all dies stand mir nicht in ausreichendem Maße zur Verfügung.

Ein Gemeindeglied erinnerte mich eines Tages daran, daß es »drei Personen der Gottheit gibt. Aber Sie gehören nicht dazu.« In meinem Handeln hatte ich diese Tatsache geleugnet. Mein Verhalten machte immer wieder deutlich, daß ich mich im Grunde für allwissend und allmächtig hielt.

Welche Befreiung, als ich eines Tages entdeckte, daß allein Gott in der Lage ist, das zu geben, was im Dienst für ihn erforderlich ist!

»Solches Vertrauen haben wir durch Christus zu Gott. Nicht daß wir tüchtig sind von uns selber, uns etwas zuzurechnen als von uns selber; sondern daß wir tüchtig sind, ist von Gott« (2. Kor. 3, 4–5).

Ich war gerade dabei, die verborgenen Zusammenhänge zwischen Erfolg und Treue zu entdecken, als mir eine Reihe von Kassetten in die Hand kam. Es handelte sich um Aufnahmen von Vorträgen, die Dr. Ray Stedman über die Kapitel zwei bis sechs des zweiten Korintherbriefes gehalten hat. Sie bildeten auch die Grundlage für sein Buch *Authentic Christianity*, das ich jedem herzlichst empfehlen möchte, der den Wunsch hat, Gott wirksam zu dienen!

Ich werde Dr. Stedman mein Leben lang dankbar sein, denn die erfrischenden, wegweisenden Gedanken und Konzepte, die er aus diesen oft so vernachlässigten Schriftabschnitten ableitete, haben mein Leben und meinen Dienst verändert. Sie trugen entscheidend dazu bei, mir meinen inneren Konflikt bewußt zu machen.

Die Grenze zwischen zwanghaftem Erfolgsstreben und wirklich geheiligtem Ehrgeiz ist hauchdünn. Bei mir hat es Jahre gedauert, bis ich sie erkannte. Hier eine gesunde Einstellung zu bekommen, ist für Menschen wie mich unendlich schwierig.

Der biblische Anspruch an einen rechten Diener Gottes heißt »Treue« und nicht »Erfolg«. Treue *ist* Erfolg, unabhängig davon, wieviel von diesem Erfolg nach außen hin sichtbar wird.

Diese Einsicht hat mein Gefängnis gesprengt und mich von vielem frei gemacht. Sie ermöglichte es mir, mein Vertrauen ganz auf den zu setzen, der allein vertrauenswürdig ist – Gott. Denn für das Ausmaß des sichtbaren Segens und für die Früchte meines Einsatzes ist letztlich nur er verantwortlich.

Gruppentherapie

Ich bin verstummt und still
und schweige fern der Freude
und muß mein Leid in mich fressen.
Mein Herz ist entbrannt in meinem Leibe;
wenn ich daran denke, brennt es wie Feuer.

Psalm 39, 3–4

Doch ich war noch immer depressiv.

Jedesmal, wenn ich auf 7E für die Gruppentherapie eingeteilt war, überkam mich eine seltsame Mischung widerstreitender Gefühle. Ich war voller unbestimmter Erwartungen, empfand aber zugleich Angst und Besorgnis.

Erwartungsvoll war ich, weil ich auf eine Frage oder Aussage hoffte, die Licht in mein schwarzes Loch werfen würde – ängstlich, weil ich fürchtete, daß mir jemand meine Masken herunterreißen könnte, hinter denen ich mich jahrelang vor meinen Mitmenschen versteckt hatte.

Einer unserer Therapeuten, David, verstand es großartig, sich wie ein Chirurg zu dem vorzuarbeiten, was sich im Verborgenen unseres Unterbewußtseins abspielte. Mehr als einmal habe ich miterlebt, wie er auf direkte, beinahe brutale Art seine Fragen abschoß. Nach bangen Augenblicken inneren Aufruhrs gewann dadurch mancher von uns Einsichten, die letztlich befreiend und entlastend wirkten.

Bei den meisten Teilnehmern unserer Gruppe handelte es sich um junge Männer, die gerade ihren Militärdienst in Vietnam hinter sich hatten. Viele waren durch ihre schrecklichen Erlebnisse dort drogen- und alkoholabhängig geworden. Sie litten alle unter großen inneren Nöten. Im Vergleich dazu schienen mir meine Probleme oft relativ unbedeutend.

51

Ein junger Mann war geradezu als psychischer Krüppel aus dem Dschungelkrieg zurückgekehrt. Seine Gefühle schwankten unkontrollierbar zwischen Zeiten tiefer Depression und Teilnahmslosigkeit und hemmungslosen Gewaltausbrüchen. Er hatte, ohne es zu wollen, einige vietnamesische Kinder getötet.

Monatelang hatte der Therapeut schon mit ihm gearbeitet. Er wollte ihm helfen, von den erdrückenden Schuldgefühlen frei zu werden, die auf ihm lasteten. David brachte ihn schließlich so weit, daß er jene schrecklichen Augenblicke innerlich noch einmal durchlebte und sie uns schilderte. Wir lauschten gebannt, als er das Grauen, das sich tief in seine Sinne eingebrannt hatte, wiederauferstehen ließ.

Als er fertig war, sahen wir die Leichen der wehrlosen Kinder förmlich vor uns liegen. Er begann zu weinen; sein ganzer Körper wurde von Weinkrämpfen geschüttelt.

Keiner ging auf ihn zu, um ihn zu trösten. Keiner unternahm auch nur den geringsten Versuch, ihn zu beruhigen; stumm und regungslos saßen wir alle da.

Als seine Tränen versiegt waren, fragte David ganz ruhig: »Und du meinst, daß du für das bestraft werden mußt, was du getan hast?« Der junge Soldat begann heftig mit dem Kopf zu nicken und stieß hervor: »Ja ... ja, ich muß bestraft werden, ja!«

Zu meiner Überraschung erhob sich David von seinem Stuhl, ergriff ein hölzernes Lineal und kommandierte: »Streck deine Hände aus!« Der junge Mann gehorchte. Da begann der Therapeut, erbarmungslos auf seine Hände und Unterarme einzuschlagen.

Ich hatte eine symbolische Bestrafung erwartet, keine wirklichen Schläge! David schien gar nicht mehr aufhören zu wollen. Wir zuckten jedesmal zusammen, wenn das Lineal niedersauste. Hände und Arme röteten sich immer mehr und begannen mit jedem weiteren Hieb anzuschwellen.

Eine Ewigkeit schien vergangen, als David endlich mit den Schlägen aufhörte. Dann nahm er den erwachsenen Mann in die Arme, drückte ihn an sich, wie es ein Vater mit seinem Sohn tun würde, und wiederholte beschwichtigend in einem fort: »Ist ja schon gut. Ist ja schon gut. Es ist vorbei. Es ist vorbei.«

Nun drängten auch wir uns hinzu, umarmten den Vietnam-Veteranen und hielten ihn fest, bis er sich zu entspannen begann. Er sah erst den Therapeuten an, dann uns, und dann begann er erleichtert zu schluchzen: »Danke ... danke ... danke ...«

Diane war eine andere Therapeutin und ebenfalls sehr geschickt darin, ihren Patienten innerlich weiterzuhelfen.

Ich respektierte ihre Art, uns durch direkte Konfrontation aus unseren schützenden Schneckenhäusern herauszuholen. Gleichzeitig verabscheute ich die Sprache, mit der sie es tat.

Für meine Ohren war das, was sie von sich gab, kaum zu ertragen. Die Gossensprache, die vulgären Ausdrücke und die eindeutigen Zweideutigkeiten, die die Kommunikation zwischen Patient und Therapeutin kennzeichneten, schnitten wie Messer in meine Seele. Diese Sprache ging mir so sehr gegen den Strich, daß ich Tage brauchte, um die Absicht zu erkennen, die dahinter stand. Erst mit der Zeit ging mir auf, welch ein bedeutungsvoller Austausch ihr dadurch mit einigen unserer Gruppenmitglieder gelang.

Gelegentlich arbeitete sie auch mit mir, doch kam dabei nicht viel heraus. Trotzdem lernte ich durch die Gruppentherapie mit ihr etwas, etwas sehr Tiefgehendes sogar.

In meinem Tagebuch liest sich das so: »Diane möchte aus mir eine aggressivere Persönlichkeit machen. Aber es gelingt ihr nicht.« Als ich über die Feststellung nachdachte, ging mir ein Licht auf, und ich fügte hinzu: »Ich kann nur aggressiv sein, wenn ich zornig bin; dann aber reagiere ich so feindselig, daß ich mich stets schuldig mache.«

Und da hatte ich ein weiteres der für mich typischen Verhaltensmuster. Bisher hatte ich stets geglaubt, daß Konfrontation, Direktheit und offene Auseinandersetzung sich mit dem christlichen Glauben nicht vereinbaren ließen.

Ich hatte es nie gelernt, eine abweichende Meinung oder ein Mißfallen wohlbegründet zum Ausdruck zu bringen. Das wurde auch in der Klinik deutlich. Wann immer ich dort eine negative Erfahrung machte, unterdrückte ich meinen Unmut, bis es nicht mehr ging. Dann aber brach alles, was sich bis dahin angestaut hatte, als Feindseligkeit unkontrolliert aus mir heraus.

Auch wenn ich unsere Kinder bestrafte, tat ich es meist in

einer Aufwallung von Zorn; und von daher kamen vermutlich sehr viele meiner Schuldgefühle.

Ich ließ es stets zu, daß sich der Zorn so lange ansammelte, bis sein Ursprung nicht mehr festzustellen war. Dann entlud sich das Ganze unvorhersehbar in irgendeine Richtung und traf meist auf ahnungslose, völlig unschuldige »Opfer«.

Die Schuldgefühle, die hinterher regelmäßig einsetzten, machten mich völlig fertig. Auch wenn die Betroffenen von sich aus häufig und glaubwürdig signalisierten, daß sie mir vergaben, konnte ich mir dennoch selbst nie verzeihen.

Schuldgefühle sind oft die Ursache einer Depression. Keiner von uns kann Gottes Gebote, gesellschaftlich oder persönlich als verbindlich anerkannte Normen einfach übergehen, ohne dabei sein Gewissen zu belasten.

Das Gefühl von Schuld ist die subjektive menschliche Antwort auf das, was die Bibel Sünde nennt. Es ist eines der meisterlichen Werkzeuge Gottes, um den Menschen auf die Notwendigkeit der Vergebung und somit auf Jesus Christus aufmerksam zu machen. Denn Christus allein hat die Kluft überbrückt, die durch die Sünde zwischen Gott und dem Menschen entstand.

König David gibt in Psalm 32 eine klassische Beschreibung einer Depression, die aus menschlicher Schuld entstanden ist. Er beschreibt ihre körperlichen und seelischen Auswirkungen mit folgenden Worten:

> »Als ich es verschweigen wollte,
> verschmachteten meine Gebeine
> durch mein tägliches Klagen.
> Denn deine Hand lag Tag und Nacht
> schwer auf mir,
> daß mein Saft vertrocknete,
> wie es im Sommer dürre wird.«
>
> Psalm 32, 3–4

Genau das waren auch meine Empfindungen, wenn ich mich häßlich und unchristlich verhielt. Die gemeinen Worte, die ich dann herausschleuderte, raubten mir jeglichen »Lebenssaft«, jegliche Vitalität und ließen mich noch mehr in mein schwarzes Loch abgleiten.

54

Mein Problem bestand aber nicht nur im Zorn mit nachfolgenden Schuldgefühlen. Ich hatte auch erhebliche Schwierigkeiten, mich andern mitzuteilen. Ich hatte es nie gelernt, meine Meinung, wenn sie von derjenigen anderer abwich, auf sachliche, freundliche Art zum Ausdruck zu bringen.

Deshalb begann ich jetzt, mich dazu zu zwingen, auf jede Frage ehrlich zu antworten und andere Meinungen offen in Frage zu stellen. Ich rang um Klarheit im Gespräch. Oft wiederholte ich die Aussage der anderen, bevor ich antwortete; ich wollte sicher sein, daß ich sie richtig verstanden hatte.

Ich gestattete mir nicht länger, über Dinge nachzubrüten, die nicht eindeutig geklärt waren. Wiederholt fragte ich nach, was gemeint sei, wenn die Bedeutung des Gesagten verschlüsselt oder unklar war.

Ich begann daran zu arbeiten, eine abweichende Meinung direkt zum Ausdruck zu bringen, bevor sie irgendwann in unkontrollierte, feindselige Reaktionen umschlagen konnte.

Indem ich es lernte, mich im richtigen Augenblick in angemessener Weise auszudrücken, wurde ich selbstbewußter, mutiger. Ich scheute nicht mehr wie früher jegliche Art von Auseinandersetzung.

Meine ersten Versuche in dieser Richtung waren allerdings ziemlich ungeschickt. Es ist nicht leicht, die »Wahrheit in Liebe zu sagen« (Eph. 4,15). Häufig schlug ich ins andere Extrem um und wurde grob. Ich übte mich deshalb darin, meine Empfindungen erst zu überprüfen, bevor ich sie in Worte kleidete.

Noch heute sind manche meiner Empfindungen irrational und unsinnig. Aber ich habe gelernt, mich von ihnen zu befreien, indem ich sie ausspreche. So lassen sich die inneren »Zeitbomben« entschärfen, ehe sie durch eine Explosion alles in Trümmer legen können.

Diese Einsicht brachte mir damals zwar keine unmittelbare Erleichterung, wurde jedoch später für mich sehr bedeutsam, besonders für meine Art zu predigen.

Wie oft habe ich von der Kanzel »heruntergedonnert« als Überreaktion auf irgendein unwichtiges, triviales Ereignis. Dabei wurde mir nicht klar, daß diese Reaktion eigentlich gar keine direkte Verbindung mit dem auslösenden Ereignis hatte. Vielmehr hatte sich irgendein innerer, ungelöster Konflikt entladen, der nicht länger zu unterdrücken gewesen war.

Das Predigen ist zu einer angenehmen, angstfreien Erfahrung geworden, seitdem ich die Kanzel nur noch betrete, um Dinge zu sagen, die ich wirklich meine, und sie nicht mehr als Notventil für unverarbeitete Gefühle mißbrauche.

Damals wies mir diese Einsicht zwar noch nicht den Weg aus meinem schwarzen Loch, sie hat mich aber später oft davor bewahrt, wieder hineinzufallen.

Hat Gott mich verlassen?

Meine Tränen sind meine Speise Tag und Nacht,
weil man täglich zu mir sagt:
Wo ist nun dein Gott?

Psalm 42,3

Einer meiner ersten Besucher war ein wohlmeinender Christ, der einmal wöchentlich auf Station 7E vorbeikam.

Ich versuchte ihm aus dem Weg zu gehen; aber er erkannte mich und sprach mich an. Vergeblich versuchte er, mit ein paar verlegenen Worten zu verbergen, wie schockiert er war, in einer psychiatrischen Klinik einem gläubigen Prediger zu begegnen.

Bevor er ging, fragte er, ob er mit mir beten dürfe. In seinem Gebet kamen auch die Worte vor: »Vater, vergib diesem Mann die Schuld, die ihn hierher geführt hat . . .«

Sein Gebet schloß gewiß auch andere Dinge ein, die jedoch nicht bis zu meinem Bewußtsein durchdrangen. Es hatte bereits alles aufgenommen, was es zu fassen vermochte.

Nachdem er gegangen war, barg ich meinen Kopf in meinem Kissen und schluchzte, bis ich vor Erschöpfung nicht einmal mehr weinen konnte. »Bitte, Vater«, schrie ich zu Gott, »sag mir, was ich tun soll. Bitte, Vater, rede du zu mir – irgendwie!«

Aber der Himmel blieb verschlossen – wenigstens schien es mir so.

Stundenlang dachte ich immer wieder nach über Fragen wie:
»Wo ist Gott?«
»Warum antwortet er mir nicht?«
»Hat er mich verlassen?«
Meine theologische Erkenntnis verwarf zwar die letztgenannte Möglichkeit, doch andererseits konnte ich in meinem Leben nichts mehr davon entdecken, daß Gott noch gegenwärtig war.

Meine Bibel sprach nach wie vor von einem unwandelbaren Gott; doch er schien mir gegenüber ohne weitere Erklärungen plötzlich sehr gleichgültig geworden zu sein.

Dieser Gott, der mir versprochen hatte, mich niemals zu verlassen noch zu versäumen, schien eine grausame Variante von Versteckspiel mit mir zu spielen. Wie ernsthaft ich ihn auch suchte, er war nirgends zu finden. Gott, den ich geliebt und dem ich gedient hatte, sagte mir in seinem Wort zu, auf mein Rufen zu antworten. Als ich aber jetzt zu ihm schrie, schien er taub geworden zu sein.

Meine Bibel, früher stets eine Quelle der Kraft, hatte mir nichts mehr zu sagen. Geschah es dennoch einmal, verloren sich die Worte bald in dem düsteren Nebel des Vergessens, der meine Sinne überschattete.

Immer wieder durchblätterte ich ihre Seiten auf der Suche nach einer Verheißung oder Erklärung, und immer wieder legte ich sie enttäuscht zur Seite – ich bekam keine Antwort.

Martha brachte mir ein Buch von Andrew Murray, einem meiner Lieblingsautoren, mit dem Titel *Bleibe in Jesus*. Das Titelbild zeigte einen Christen, der zum Gebet neben einem Stuhl kniete und offensichtlich hart um etwas rang. Einen Augenblick lang studierte ich das Bild, dann schleuderte ich das Buch voller Widerwillen quer durch den Raum. In späteren Jahren wurde dieses Buch ein Schatz für mich. Ich habe oft darüber nachgedacht, welche Empfindungen mich damals so heftig reagieren ließen. Hatte ich mein Vertrauen in die Kraft des Gebets verloren? Forderte mich das Titelbild heraus, Energien einzusetzen, die mir nicht mehr zur Verfügung standen? Wollte mir der Gedanke des »Bleibens« etwas vermitteln, das aufzunehmen ich damals noch nicht bereit war?

Ich habe nie mit letzter Gewißheit herausgefunden, warum ich damals das Buch mit solcher Gewalt von mir schleuderte. Allerdings muß ich zugeben, daß der Begriff des »Bleibens in Jesus« in meinem theologischen Denken nie eine besonders große Rolle gespielt hat. Das Wort »bleiben« bedeutete mir nicht viel; es drückte eine Beziehung aus, gewiß, doch darüber hinaus schien es mir vage und unbestimmt.

»Bleiben« setzte ich stets mit »anhalten«, »ruhen« und »passiv sein« gleich. Stieß ich beim Bibellesen auf Verse wie Psalm

46,11 »Seid stille (hört auf, aus eigener Kraft zu kämpfen) und erkennt, daß ich Gott bin«, nahm ich mir nie richtig Zeit, die Bedeutung einer solchen Aussage zu durchdenken.

Der Dienst des Christen war für mich nie durch Begriffe wie »Ruhe«, »Innehalten« oder »Stillesein« gekennzeichnet. Wenn das mit »bleiben« gemeint war, so hatte wenigstens ich keine Zeit für derlei Übungen.

In über zwanzig Jahren Dienst hatte ich mich an einen Arbeitsstil gewöhnt, der durch rastlose Aktivität gekennzeichnet war. Aus Überzeugung saß ich schon in meinen Studierzimmer, wenn sich die Leute aus meiner Gemeinde gerade auf den Weg zur Arbeit machten. Und ich rühmte mich dessen, nachts als letzter das Licht auszumachen.

In allen drei Gemeinden, deren Pastor ich war, habe ich stets den ganzen Arbeitstag für Seelsorge und Besuchsdienst eingesetzt – sechs Tage in der Woche. Wenn sich meine Familie am Abend zur Ruhe legte, setzte ich mich an meinen Schreibtisch und arbeitete oft noch bis gegen vier Uhr morgens.

Diese Arbeitsweise schien zu funktionieren, bis einige Polizeibeamte aus unserer Gegend zum Glauben fanden. Wenn sie Nachtschicht hatten und im Vorbeifahren bei mir Licht sahen, hielten sie oft an und kamen zu seelsorgerlichen Gesprächen herein.

Ich kannte nur ein Christsein, bei dem es darauf ankam, jeden Augenblick aktiv zu nutzen. Jede andere Haltung weckte in mir den Verdacht, es sei einem nicht ganz ernst mit der Nachfolge.

Freunde rieten mir dringend, die Arbeitsbelastung zu reduzieren, und Ärzte warnten vor gesundheitlichen Schäden, die bei solch einem Lebensstil unausweichlich seien.

Zeit für Gott hatte ich immer nur »unterwegs«. Mein Gebetsleben fand im Telegrammstil statt.

Mein Bibellesen war weitgehend unpersönlich. Jede neu entdeckte Wahrheit nahm ich immer nur im Blick auf die mir anvertrauten Menschen zur Kenntnis. Ich behielt sie im Gedächtnis, um sie bei nächster Gelegenheit in eine Predigt einzubauen.

Für einen an ein rasantes Tempo gewöhnten Christen wie mich hatte das Wort »bleiben« nur geringe Bedeutung.

Jetzt, da meine schnelle, alles fordernde Welt plötzlich still-stand, war ich völlig durcheinander. Wie Elia in 1. Könige 19 war ich der Überzeugung, daß ich alles für Gott eingesetzt hatte. Ich hatte hart daran gearbeitet, »die Altäre der falschen Götter« niederzureißen. Mit den »großen, starken Winden«, dem »Zerreißen der Berge«, dem »Feuer« und dem »Erdbeben« war ich vertraut. Das »stille, sanfte Sausen« der Stimme Gottes dagegen war mir völlig fremd.

Im Leben eines jeden Christen aber kommt einmal die Zeit, in der er nur noch eines vermag: zu »bleiben«. Diese Zeit war nun auch für mich gekommen, und ich wußte nicht, wie ich sie nutzen sollte.

Meine ganz auf Aktivität eingestellten Sinne benötigten Wo-chen, bis sie sich an den Rhythmus meines erschöpften Körpers gewöhnt hatten. Doch als das endlich geschehen war, erlebte ich eine höchst erfreuliche Überraschung:

Gott redete immer noch;

er war immer noch da;

sein Geist war nicht von mir gewichen;

seine Kraft war nicht geringer geworden.

Nur ich war am Ende. Gott nicht. Auf einzigartige Weise ver-stand er es, mich in meiner Stille anzusprechen – er sagte mir Dinge, für die ich mir vorher nie Zeit genommen hatte. Durch Worte von Freunden, kleine Genesungswünsche und scheinbar unbedeutende Ereignisse am Rande des Alltags füllte Gott mein Herz mit Trost und Frieden.

Schließlich öffnete ich meine Bibel wieder. In den letzten Wochen auf Station 7E verbrachte ich jeden stillen Augenblick damit, mich mit nur vier Kapiteln des Johannes-Evangeliums zu beschäftigen, den Kapiteln dreizehn bis sechzehn. Ich wollte zwar weiterlesen, konnte es aber nicht. Ich war auf eine Gold-grube gestoßen, hatte einen Schatz entdeckt. Mein Herr hatte in jenem Obergemach so vieles gesagt, was ich nie zuvor richtig wahrgenommen hatte. Es war, als hörte ich das alles zum ersten Mal. Und er sprach nur zu mir – nicht zu mir anvertrauten Men-schen – nur zu mir. In dem kleinen Krankenzimmer erteilte er mir eine sehr persönliche, wunderbare und Wunder wirkende Lektion. Tag für Tag verschwand – wenigstens für kurze Zeit – das sonst vorherrschende Gefühl der Leere und Einsamkeit.

Zu meinem großen Erstaunen stellte ich fest, daß Gott sogar die liebt, die nicht ständig für ihn aktiv sind. Welch eine Offenbarung! Welch eine ungetrübte Freude, einfach in Verbindung mit Gott verweilen zu können!

Heute wünsche ich mir manchmal, in die Stille dieses kleinen Zimmers zurückkehren zu können, um die Freude und Frische dieser Erfahrung noch einmal zu durchleben.

Mein Gott hatte mich nicht verlassen. Er hatte meinem Leben nur eine neue Richtung gegeben. Er hatte sich Zeit genommen, mir Dinge beizubringen, die auf dem geistlichen Schlachtfeld des alltäglichen Lebens einfach nicht zu erkennen sind.

Meine Leidensgenossen

Er kann mitfühlen mit denen,
die unwissend sind und irren,
weil er auch selber Schwachheit an sich trägt.

Hebr. 5,2

Es war mir sehr unangenehm, meinen Mitpatienten gegenüber zugeben zu müssen, daß ich Pastor war. Ich war jedem Mitarbeiter der Klinik und jedem Patienten dankbar, der die stets im Raum stehende Frage »Und was machst du beruflich?« nicht stellte. Doch diese Zurückhaltung war leider selten.

Die meisten Fremden in dieser Umgebung waren sehr neugierig. Nachdem sie meinen Namen erfahren hatten, wollten sie als nächstes meistens meinen Beruf wissen.

Verzweifelt versuchte ich, mich von den andern fernzuhalten, für mich zu bleiben – so anonym zu sein wie möglich. Doch alle meine Versuche waren von vornherein zum Scheitern verurteilt.

Als erster erfuhr einer meiner beiden Zimmergenossen, wer ich war. Sein Vater war Lehrer an einem christlichen Seminar, und er war hier, weil er sich seine Gesundheit durch Drogenkonsum bereits in jungen Jahren völlig ruiniert hatte. Das viele Rauschgift hatte eine verheerende Wirkung auf seine Persönlichkeit gehabt. Vor seiner Einlieferung auf 7E war er wegen Vergewaltigung, bewaffneten Raubüberfalls und Geiselnahme festgenommen worden. Alle drei Delikte hatte er innerhalb von nur vierundzwanzig Stunden in einem Anfall von Umnachtung begangen. Jetzt konnte er mit seinen Terrormethoden und seiner obszönen Sprache nur noch seine Zimmerkollegen traktieren, das heißt, solange das Pflegepersonal ihn gewähren ließ.

Ich hatte noch nie ein Zimmer mit einem geistesgestörten

Kriminellen teilen müssen; ebensowenig er mit einem Baptistenprediger.

Er war dazu ausersehen worden, mich kurz nach meinem Eintritt zum Labor zu begleiten. Als wir durch die langen, sterilen Gänge liefen, bemerkte ich unverhohlene Verachtung, wann immer unsere Blicke sich kreuzten. Schließlich wandte ich mich an ihn und fragte: »Warum siehst du mich so an?«

»Weil du mich so anguckst«, antwortete er.

Das war meine erste Zurechtweisung. Sie kam im richtigen Moment, und dafür bin ich bis heute dankbar. Ich hatte nie viel darüber nachgedacht, aber irgendwie hatte ich die Insassen psychiatrischer Anstalten immer als »minderwertige Wesen« betrachtet. Ich neigte dazu, sie nicht als Menschen, sondern als »Fall« zu sehen.

Fred, einem anderen Patienten begegnete ich, als wir in der Wäscherei Laken zusammenlegten. Fred war siebenundzwanzig, Vater zweier Kinder und lebte von seiner Frau getrennt. Er war wegen Volltrunkenheit und unsittlichen Verhaltens festgenommen und im Delirium tremens hier eingeliefert worden. Seine tägliche »Nahrung« hatte zuletzt nur noch aus Aufputschmitteln und zwei Litern Whisky bestanden.

Nachdem er mir seine Geschichte erzählt hatte, erkundigte er sich: »Und was machst du beruflich?« Ich schwieg längere Zeit, weil ich befürchtete, meine Antwort könnte ungewollt Distanz zwischen uns schaffen. Nur widerwillig und zögernd antwortete ich deshalb: »Ich bin Pastor.«

Seine Reaktion war spontan und voller Interesse. Er ließ das Laken fallen, das er gerade zusammenlegte, ergriff meine Hand, schüttelte sie heftig und meinte: »Mensch, das ist ja großartig! Ich hab' noch nie mit einem Pastor gesprochen. Sag' mir, wie ist das? Was machst du so als Priester? Wie fühlt man sich da? Könnte ich auch fromm werden, was meinst du?« Nicht ein einziges Mal fragte er mich nach dem Grund meines Klinikaufenthaltes.

Bill war Alkoholiker, der verzweifelt versuchte, zu einem normalen Leben zurückzufinden. Aus dem Kontakt mit ihm wurde später eine gute Freundschaft. Er hatte anläßlich einer Hauseinweihung mit dem Trinken angefangen. Zusammen mit seiner Frau hatte er gerade ein wunderschönes Haus in einem gepflegten Vorort gebaut. Sie hielten es für unhöflich, Gäste einzuladen und ihnen keinen Alkohol anzubieten. So mixte er einen Drink für seine Frau – ihren ersten. Als sie später an den Folgen ihrer Alkoholabhängigkeit starb, zerbrach auch sein Leben. Er war nicht nur allein und inzwischen auch Alkoholiker, er fühlte sich noch dazu verantwortlich für den Tod seiner Frau. Er kam sich vor wie ein Mörder. Seine Schuldgefühle hatten ihn zu mehreren Selbstmordversuchen getrieben.

Alkoholiker leben in einer eigenen Welt. Sie können es sich kaum vorstellen, daß es Menschen gibt, die nicht trinken. In einer Therapiegruppe mit Alkoholikern wandte sich der Psychiater mir zu und fragte: »Wie lange bist du schon Alkoholiker?«

»Ich trinke überhaupt nicht«, antwortete ich ihm.

Ungläubiges Gelächter in der ganzen Gruppe. Der Arzt stand auf, kam zu mir herüber und schimpfte: »Du bist ein elender Lügner. Je eher du dir deinen Zustand eingestehst, desto eher wird es dir wieder besser gehen.« Ich vermute, er glaubt mir bis heute nicht.

Bill hielt mir einen Vortrag über Alkoholismus. Durch ihn wurde ich zum ersten Mal mit dieser Krankheit konfrontiert. Er nahm Martha und mich mit zu einem Treffen der Anonymen Alkoholiker. Nie zuvor hatte ich mir darüber Gedanken gemacht, wie vielschichtig und schwierig dieses Problem ist. Nachdem ich gelernt hatte, mich auf diese Männer einzustellen, wurden mir viele von ihnen zu engen Freunden. Später sollte ich den größten Teil meiner Freizeit damit verbringen, sie zu beraten. Sie machten mich zu ihrem Seelsorger und baten mich, im Vorstand ihres Zentrums mitzuarbeiten.

Bill übergab sein Leben dem Herrn und ging gleich nach seiner Entlassung aus der Klinik auf eine Bibelschule. Er betrat diese für ihn völlig neue Welt ein wenig ungeschickt, doch mit großer Freude.

Eines Nachmittags kam er direkt nach dem Unterricht bei uns vorbei, als die ganze Familie gerade zu Hause war. Mit hautengen Jeans, Westernhemd und Stiefeln betrat er das Wohnzimmer, warf seinen breitkrempigen Hut auf den nächstbesten Stuhl und stellte fest: »Leute, war das ein spitze Nachmittag. Hab' ne Menge Neues über die *Kreuzigung* gelernt!«

Vom Klinikpersonal erlebte ich mehr aggressive Reaktionen als von den Patienten.

Man hatte mich angewiesen, meine Medikamente immer mit etwas zu essen einzunehmen. Nun hatten wir uns zum Pillenschlucken in einer Reihe vor den »Käfigen« der Krankenschwestern aufzustellen, um unter ihren wachsamen Blicken unsere Medikamente einzunehmen. Als mir Sheila, die diensthabende Krankenschwester, meine Pillen ohne etwas Eßbares übergab, fragte ich sie harmlos: »Soll ich diese Tabletten wirklich auf leeren Magen schlucken?« Sie blickte mich böse an und schnauzte: »Was wollen Sie denn sonst damit machen?« Verstört zog ich mich daraufhin wieder in meine stille Welt zurück, brütete vor mich hin und dachte mir Antworten aus, mit der ich es ihr das nächste Mal heimzahlen wollte. Zum Glück habe ich keine jener genialen Entgegnungen je ausgesprochen. Der einzige, dem sie wehtaten, war ich selbst.

Am dritten Morgen zog mich Chuck, ein Krankenpfleger, aus dem Bett und befahl: »Baker, es ist Zeit, aufzustehen. Wir gehen raus und spielen Softball.« Damit zog er mich zu meinem unter Verschluß gehaltenen Kleiderschrank, nahm einige meiner persönlichen Sachen heraus und forderte mich auf, sie anzuziehen.

In meinem Tagebuch hielt ich fest: »Es ist erstaunlich, was so eine Kleinigkeit wie die eigene Kleidung bewirkt, nachdem sie einem eine Zeitlang vorenthalten wurde, und was die Ankündigung, hinaus ins Freie zu dürfen, auslösen kann. Es kam mir vor, als habe man mich von Handschellen befreit.«

»Aber Softball? Ich alter Mann – schwach und depressiv dazu – soll mit all diesen jungen Kerlen Softball spielen? Das kann gar nicht gutgehen!« dachte ich.

Ich beklagte mich bei Chuck. In allen Einzelheiten beschrieb ich ihm meine Krankheitsgeschichte, meine Erschöpfung, meine Bedenken. Aufmerksam und geduldig hörte er zu. Nachdem ich fertig war, nahm er mich ruhig bei der Hand und sagte: »O. K., und jetzt gehen wir Softball spielen.«

Oh, was war ich wütend auf ihn! Dann wurde mir klar, wie wichtig sportliche Betätigung war. Außerdem bot sich dort Gelegenheit, meine Mitpatienten besser kennenzulernen. Auf dem Spielfeld gelang mir, was mir vorher unmöglich gewesen war: Ich konnte Harry, meinem anderen Zimmergenossen, der nie sprach und nie auf etwas reagierte, ein Lächeln entlocken.

An meinem dritten Softball-Tag glückte mir ein solcher Abschlag, daß ich fast das zweite Laufmal erreicht hätte, wäre ich nicht kurz vorher wegen mangelnder Kondition gestolpert. Aber es tat unerhört gut, die Anfeuerungsrufe meiner neuen Freunde zu hören. Noch heute erinnere ich mich an eine Bemerkung von Norm, einem anderen Mitarbeiter der Klinik. Er hatte im Softballteam meiner Kirchengemeinde mitgespielt und mich als Besucher eines Spiels, an dem er teilgenommen hatte, wiedererkannt. Jetzt nahm er mich auf die Seite und kommentierte: »Das war sehr mutig von Ihnen!« Diese kurze Bemerkung hat mich wochenlang begleitet und ermutigt.

Aus Mitpatienten wurden enge Freunde. Es entstand eine besondere Art von Kameradschaft, ähnlich wie man sie auch im Militärdienst erleben kann.

Diese Erlebnisse haben ihre Spuren hinterlassen. Noch heute setze ich mich für diejenigen ein, die auf der Schattenseite des Lebens stehen, Alkoholiker und straffällig Gewordene. Wo immer möglich, versuche ich ihnen zu helfen.

Kürzlich wurde ich in die psychiatrische Abteilung eines Krankenhauses in Portland gerufen. Ich sollte einen Mann besuchen, der seine Frau und seine Kinder verprügelt und dann einen Selbstmordversuch begangen hatte. Vergeblich versuchte ich, Zugang zu ihm zu finden. Er blieb abweisend und stumm, bis ich ihm sagte: »Ich weiß, was Sie empfinden. Ich bin in der gleichen Situation gewesen wie Sie – depressiv, voller Auflehnung und Selbstmordgedanken. Auch ich war in einer psychiatrischen Klinik.«

Da sah er erstaunt auf und sagte: »Sie – als Pastor? Das glaube ich nicht!« Nachdem ich ihn von der Wahrheit meiner Behauptung überzeugt hatte, umarmte er mich und begann zu weinen wie ein kleines Kind.

Bevor ich ihn verließ, betete er und nahm Jesus Christus als seinen Erlöser an.

Die Familie

Bist du an eine Frau gebunden,
so suche nicht von ihr loszukommen.

1. Kor. 7,27

»Ich habe es mir überlegt, ich will mich scheiden lassen.«

»Was aus dir wird, interessiert mich nicht.«

»Was aus der Familie wird, interessiert mich nicht.«

Kaum zu glauben, daß dies meine eigenen Worte sind – und doch ist es so. Ich erinnere mich nur noch dunkel an sie, Martha dagegen um so lebhafter.

»Scheidung«, für viele bittere Wirklichkeit, war für uns ein Fremdwort gewesen. Die meisten Paare denken es irgendwann einmal, viele sprechen es aus, einige meinen es ernst.

Als ich es aussprach, kam es aus irgendeiner Tiefe meiner düsteren Welt. Meine Frau war wie vor den Kopf geschlagen. Ihre ganze Existenz war plötzlich so sehr erschüttert und in Frage gestellt, daß sie Hilfe suchte, bei einem Arzt, einem Psychiater, und bei Emery.

In jenen wenigen Stunden mit Emery ließ sie die ganzen dreiundzwanzig Jahre unserer Ehe noch einmal Revue passieren und kam zu dem Schluß, daß sie es wert sei, gerettet zu werden.

Unsere Liebe war echt, das gemeinsame Leben harmonisch; es gab viele kostbare Erinnerungen an den gemeinsam zurückgelegten Weg.

Aber daß wir jetzt beschlossen, auch diese schwierige Zeit gemeinsam durchzustehen, habe ich nur Martha zu verdanken. Sie hatte sich geweigert, auf mein dummes Gerede einzugehen.

Wir waren uns auf dem College begegnet. Sie kam aus Indiana und war Sprachlehrerin, ich kam aus Oregon und war der Sohn eines Predigers.

Es war Liebe auf den ersten Blick. Sie besaß alles, was ich von meiner »Traumfrau« erwartete: funkelnde braune Augen, langes schwarzes Haar, ein hübsches Gesicht, eine zierliche Gestalt, Zielbewußtsein, Charakterstärke, einen klaren Verstand, eine echte Liebe zum Herrn und den Wunsch, nur den Mann zu heiraten, mit dem sie in Leib, Seele und Geist eins werden konnte.

Nach unserer ersten flüchtigen Begegnung ging ich in mein Zimmer, kniete vor dem Bett nieder und dankte Gott, daß er mir soeben die Frau meines Lebens gezeigt hatte.

Neun Monate später heirateten wir.

Ich habe oft über den Glauben meiner Frau gestaunt; ihr Vater war einer der bedeutendsten Bibellehrer, den ich kannte, und sie war bereit, einen Prediger zu heiraten, den sie nie hatte predigen hören.

Unsere Ehe war glücklich. Langeweile haben wir nie gekannt. Das Leben aus dem Glauben ist immer ein Abenteuer. Jeder neue Tag ist voller Überraschungen.

Unser Dienst für Gott erfüllte uns mit Freude und war fruchtbar. Die Gemeinden, für die wir verantwortlich waren, wuchsen; die Beziehungen, die wir zu den Menschen um uns her fanden, waren echt und wertvoll.

Viele Teile der Welt haben wir gemeinsam bereist, und wir wußten uns mit vielen Missionaren herzlich verbunden.

Martha hat entscheidenden Anteil an meinem Dienst – sie spricht bei Veranstaltungen, betreibt Seelsorge, lacht, weint und betet mit jedem, der sie braucht. Sie ist der kontaktfreudigste Mensch, den ich kenne – jederzeit für jeden da, in welcher Notlage er auch immer sein mag.

Ich habe sie beobachtet, wie sie liebevoll einem obdachlosen »Penner« das verletzte Bein verband. Und ich habe sie völlig entspannt mit dem Präsidenten der Vereinigten Staaten plaudern hören.

Sie ist eine großartige Mutter. Trotz meiner Verpflichtungen als Pastor habe ich mich bemüht, ein guter Vater zu sein; und doch gab es Zeiten, in denen sie gezwungen war, gleichzeitig Vater und Mutter zu sein. Sie hat diese Aufgabe perfekt gemeistert.

Dennoch hatte auch unsere Ehe, wie wohl die meisten, ihre

Bewährungsproben zu bestehen. Die Ehe, so wie Gott sie geschaffen hat, ist ja nichts Statisches, sondern ein Prozeß, eine Entwicklung, die für die Beteiligten zuzeiten sehr schmerzhaft sein kann. Auch wir haben das erlebt.

Unsere Erwartungen waren immer hoch. Mit dem »goldenen Mittelweg« haben wir beide uns nie zufriedengegeben. Beide sind wir Perfektionisten, zielstrebige und schöpferische Menschen, die viel von sich und anderen erwarten. Vermutlich gibt es auch Zeiten, in denen wir unbewußt sogar miteinander wetteifern.

Unsere Terminkalender sind stets voll. Sie betätigt sich als Logopädin, unterrichtet Bibelklassen, spricht in Frauengruppen, hilft jungen Christen, in der Nachfolge zu wachsen, kümmert sich um Kranke, betreut unser Haus und begleitet mich zu den meisten meiner öffentlichen Verpflichtungen als Pastor. Es kann vorkommen, daß wir wochenlang ohne Pause arbeiten und abends zu müde sind, um noch miteinander zu reden; manchmal sind wir so erschöpft, daß unsere Kraft nicht einmal mehr zum gemeinsamen Gebet reicht.

Oft müssen wir uns mit einem Austausch im Telegrammstil begnügen, so daß Themen nicht ausdiskutiert und viele Fragen nicht gründlich behandelt werden können.

Wenn ich allein unterwegs bin, vertritt sie mich in vielem und trägt damit eine doppelte Last.

Es ist nicht leicht, mit mir unter einem Dach zu leben. Häufig bin ich zwar in ihrer Nähe, aber durch andere Dinge stark in Anspruch genommen. Ich beschäftige mich dann innerlich mit seelsorgerlichen Fragen, Organisationsproblemen oder bereite Predigten vor.

Gemeinsame Ferien haben uns immer viel bedeutet: Wir lachen und sind verliebt, wir wandern und führen lange Gespräche; wir lernen einander ganz neu und intensiv kennen.

Um unsere Ehe wieder ins Lot zu bringen, arrangierten die Ärzte der Station 7E eine Familienkonferenz.

Mir war angst und bange.

Ich befürchtete, daß das nur auf eines hinauslaufen konnte: mich als unfähige Null zu entlarven, als die ich mir selber erschien. In der Bewertung meiner Rolle als Vater und Ehemann schien mir nur ein Wort angemessen: Versagen. In meiner Dunkelheit wirkte alles schrecklich aussichtslos.

Die Familie kam; alle waren sie da – Martha, John und Kathy, ausgeglichen, höflich und gepflegt.

Der große Raum mit seinen hohen Fenstern und den kahlen Wänden wirkte alles andere als einladend. Der lange, große Tisch schuf eine ungewollte Distanz. Zwei Mitarbeiter der Klinik flüsterten einander etwas zu und studierten flüchtig ein Bündel von Papieren. Nervös und unbeholfen machten sie sich daran, unsere kleine private Welt öffentlich zu durchleuchten.

Schon zu Beginn wurde deutlich, daß wir anders waren als die Leute, mit denen sie sonst zu tun hatten. Bei uns gab es keine Alkohol- oder Drogenprobleme. Keines der Kinder war von zu Hause weggelaufen. Keiner von uns zeigte Narben von brutalen Schlägen, wie sie in vielen Familien vorkommen. Die Kinder waren keine Aussteiger und hatten keine Schulprobleme. Unsere Sprache war nicht vulgär oder lieblos.

Die Fragen, die man uns stellte, verrieten mangelnde Vorbereitung. Keiner von uns fühlte sich wohl dabei, doch beantworteten wir sie alle präzise und ehrlich. John und Kathy verschwiegen nichts. Tatsachen und Gefühle wurden offen auf den Tisch gelegt und einer sorgfältigen Analyse unterzogen.

»Lieben sich eure Eltern?« wurden sie gefragt.

»Ja«, antworteten sie ohne Zögern.

»Lieben sie auch euch?«

»Ja.«

»Habt ihr sie lieb?«

Wieder ein klares »Ja«.

»Streiten oder diskutieren sie miteinander?«

»Ja.«

»Viel?«

»Mehr als mir lieb ist«, antwortete John.

»Was empfindet ihr dann?«

»Wir mögen das nicht.«

»Macht euer Vater gern Spaß mit euch?«

»Nicht viel. Er arbeitet immer.«

»Liebt ihr eure Familie?«

Beide antworteten mit »ja« und schienen überrascht zu sein, daß man ihnen diese Frage überhaupt stellte.

Die Psychiater kamen zu dem Schluß, daß wir eine ganz normale Familie seien: glücklich, liebevoll, offen für andere und von einem bemerkenswerten Zusammenhalt.

Irgendwie überraschte mich dieses Ergebnis. Es entsprach nicht der Vorstellung, die ich mir in der Tiefe meines schwarzen Loches gemacht hatte. Es sah ganz anders aus als all die negativen Bilder, die ich in meiner Vorstellung entworfen hatte – es war geradezu erfreulich.

Alle Höhen und Tiefen haben unsere Ehe nie ernsthaft gefährden können. Nicht ein einziges Mal haben wir die Tatsache bezweifelt, daß Gott uns in einzigartiger Weise füreinander bestimmt hat – bis ich diese zerstörerischen und mir selbst fremden Worte von mir gegeben hatte, die irgendwo in meinem Dunkel geboren worden waren.

Die Depression weckt gelegentlich in dem, der von ihr befallen ist, eine seltsame, fremde Sprache, die eigentlich gar nicht zu diesem Menschen paßt. Auf der Suche nach ihrer Herkunft befaßt man sich dann mit allem möglichen und kommt zu völlig abwegigen Schlußfolgerungen.

Zeitweise hatte mich mein Gefühl dazu gebracht, unsere Ehe als Ursache der Krankheit und die Scheidung als Therapie zu sehen. Diese Vorstellung war einer der Strohhalme, an die ich mich zu klammern versuchte. Ich bin dankbar, daß Gott und Martha mich davor bewahrt haben, diesen Strohhalm festzuhalten, denn als sich das Dunkel lichtete, sah die Wirklichkeit ganz anders aus.

Beruflich am Ende

Verlaß mich nicht, Herr,
mein Gott, sei nicht ferne von mir!

Psalm 38,22

Die Gemeinde, unsere geistliche Familie, hatte viel Geduld mit mir gehabt. Aber die Zeiten meiner Abwesenheit, die wiederholten Klinikaufenthalte und nun die lange Behandlung auf Station 7 E hatten das Maß des Zumutbaren überschritten.

Schafe brauchen einen Hirten. Meine Gemeinde bildete da keine Ausnahme. Die Besucherzahlen begannen zu sinken, der Schwung erlahmte, und meine Leute waren ebenso verunsichert wie ich. Der Vorsitzende des Gemeinderates hatte mangels besserer Diagnose bekanntgegeben, ich habe einen Nervenzusammenbruch erlitten.

Es schien für die Gemeinde das beste zu sein, wenn ich kündigte. Täglich rang ich jetzt um diese Entscheidung. Morgens wachte ich auf mit der Hoffnung, daß heute irgendein »Zeichen« des Himmels oder ein Wort Gottes mir dabei zu Hilfe kommen würde.

Martha und ich sprachen immer wieder alles durch; doch wenn ich ihr die Frage stellte: »Was soll ich tun?« antwortete sie stets nur: »Das mußt du ganz allein wissen.«

Eines Abends besuchte mich der besorgte Vorsitzende des Gemeinderates. Wir diskutierten offen darüber, ob ich weitermachen oder kündigen solle. Schließlich sagte ich zu ihm: »Bud, tun wir einmal so, als befänden wir uns in der Gemeinderatssitzung. Nehmen wir an, wir säßen um den großen Tisch. Ich rufe einen nach dem anderen mit Namen auf, und du stehst jedesmal auf und antwortest für ihn.«

Aus dem Gedächtnis holte ich ihre Namen hervor und stellte

jedem die Frage: »Meinst du, daß unser Pastor kündigen sollte?« »Marvin«, »Melvin«, »Tom«, einen nach dem anderen nannte ich, und Bud gab stellvertretend die Antwort.

Nur einer stimmte seiner Meinung nach mit »Nein«. Alle anderen waren für ein deutliches »Ja«. Ich war betroffen. Ich war so sicher gewesen, so überzeugt davon, daß alle mich behalten wollten – aber ich hatte mich geirrt. Mein Vorstand war offensichtlich der Meinung, daß ich mein Amt niederlegen sollte.

Das war eine ganz neue Erfahrung für mich. Niemals vorher hatte mir ein Gemeindeglied oder gar eine ganze Gemeinde nahegelegt, meine Arbeit bei ihnen zu beenden. Ich wurde bleich. Meine Hände begannen zu zittern, und Schweißtropfen zeigten sich auf meiner Stirn, als mir das ganze Ausmaß dieses Urteils bewußt wurde.

»Aber wo soll ich hin? Was soll ich tun?« Oft hatte ich Arbeitslose beraten, vertrauensvoll mit ihnen gebetet und ihnen versichert: »Machen Sie sich keine Sorgen. Gott hat immer einen guten Weg in die Zukunft.« Und jetzt war ich plötzlich selbst arbeitslos – zum ersten Mal in dreißig Jahren. Ich hatte bereits im fünften Schuljahr begonnen, Geld zu verdienen, und war seitdem nie ohne Einkommen gewesen.

Martha hatte eine weitere Ausbildung gemacht und ein Diplom als Logopädin erworben. Im Schulbezirk war man bereits auf sie aufmerksam geworden und setzte sie gezielt ein. Aber ich konnte mich doch nicht darauf verlassen, daß Martha mich versorgte! So sollte es nun wirklich nicht sein.

Für ein paar kurze Augenblicke verriet der »Mann des Glaubens«, der »geistliche Führer«, der »Pastor« Panik, denn Bud fügte schnell hinzu: »Don, mach dir keine Sorgen. Wir haben bereits beschlossen, dein Gehalt für diesen Fall noch sechs Wochen weiterlaufen zu lassen.«

Ich versank in Schweigen. »Sechs Wochen«, dachte ich, »sechs Wochen Gehalt – mein Junge geht aufs College, meine Tochter bereitet sich auf die Oberschule vor, das Haus, der Wagen ...« Eine lange Liste regelmäßiger Verpflichtungen tauchte vor meinem innneren Auge auf. Endlich wandte ich mich an Bud: »Danke, Bud. Du bist mir eine große Hilfe gewesen. Morgen schreibe ich die Kündigung.«

Ich verfaßte sie – unter inneren Qualen; dann rief ich die Gemeindesekretärin an und bat sie, den Text abzutippen und weiterzuleiten. Nach diesem kurzen Telefongespräch legte ich den Hörer langsam wieder auf, schleppte mich in mein Zimmer und weinte.

Leer . . .

    verlassen . . .

        unerwünscht . . .

            abgeschoben . . .

so kam ich mir vor. Dabei hatte die Gemeinde eine sachlich begründete, notwendige Entscheidung getroffen; doch für mich kam sie völlig unerwartet.

Als ich alle Folgen bedachte, die mit der Kündigung verbunden waren, kam ich wieder ins Schwanken zwischen Bleibenwollen und Gehenmüssen. »Ich bin sicher, die Mehrheit der Gemeinde wird mir noch eine Chance geben«, dachte ich. »Wenn ich den Leuten meinen Fall offen schildere, werden sie ihre Entscheidung sicher rückgängig machen.« Ich listete die Namen der engsten Freunde auf, die ich anrufen konnte, und begann über Methoden nachzudenken, mit denen ich einen Stimmungsumschwung zu meinen Gunsten erzielen könnte.

Doch dann gingen mir die Folgen eines solchen Handelns durch den Kopf. Oft genug hatte ich klargestellt, ich würde nie zulassen, daß eine Gemeinde sich meinetwegen spaltete.

Ich bin zutiefst davon überzeugt, daß es für den Leib Christi, die Gemeinde Jesu, notwendig ist, als Einheit, sichtbar, greifbar und praktisch erfahrbar zu sein. Das ist eines der Kennzeichen, in denen sich die Gemeinde grundlegend von allen anderen Organisationen unterscheiden sollte. Die Gemeinde Jesu Christi ist der einzige Ort auf dieser Welt, an dem sich in dieser Weise solch ein friedliches Miteinander entfalten und verwirklichen kann.

Nein, unsere Gemeinde hatte bereits zu viele Spannungen hinter sich. Ich konnte und wollte nicht die Ursache sein für eine weitere Auseinandersetzung. Ich widerrief meine Kündigung nicht und übernahm die volle Verantwortung für diese Entscheidung. Der Gemeinde gegenüber stellte ich fest, »daß ich es wegen meines anhaltend schlechten Gesundheitszustandes und einer in dieser Hinsicht völlig ungewissen Zukunft für

unumgänglich halte, mein Amt als Pastor der Gemeinde nie-
derzulegen«.

Als ich diesen Brief unterschrieb, schienen sich alle früheren
Befürchtungen zu erfüllen. »Alles, was ich nun von der Zukunft noch erwarten kann, ist ein Leben langweiligen, ›normalen‹ Mittelmaßes. Keine Gemeinde wird sich jemanden als Pastor holen, der eine Zeitlang in einer psychiatrischen Anstalt
gesessen hat.« Diese Worte stehen in meinem Tagebuch. Kurz
nach meiner Einweisung in die Klinik habe ich sie niedergeschrieben. Ich tat es in der festen Überzeugung, daß ich beruflich am Ende war.

Ein neuer Anfang

Gott, du bist mein Gott, den ich suche.
Es dürstet meine Seele nach dir,
mein ganzer Mensch verlangt nach dir
aus trockenem, dürren Land,
wo kein Wasser ist.

Psalm 63,2

Als ich das Krankenhaus verließ, stand nirgends ein Empfangs-
komitee. Niemand nahm Notiz von mir – und genauso hatte ich
es gewollt. Ich stahl mich davon, ohne mich auch nur von den
Mitarbeitern oder den vielen neu gewonnenen Freunden zu
verabschieden.

Doch ich kehrte mit vielen hilfreichen Einsichten nach
Hause zurück.

Ich hatte
 ein neues Mitgefühl für Leidende gewonnen,
 neue Erkenntnisse für meine Seelsorgearbeit und
 neue Einsichten in das Wesen gegenseitiger Verständigung.

Ich hatte
Erfahrungen gemacht, die ich nie wieder vergessen würde.

Ich war ausgeglichener und zuversichtlicher.

Ich stand nicht mehr unter der Anspannung, die das Amt
 eines Pastors mit sich bringt.

Es war Freitag, und ich mußte keine Predigten für den kom-
 menden Sonntag vorbereiten.

Und doch war ich noch immer schwach, verwirrt und depressiv. Das schwarze Loch war zwar nicht mehr tiefschwarz,
trotzdem war es noch dunkel genug, um mir die Zukunft

aussichtslos und die Gegenwart verwirrend erscheinen zu lassen.

Außerdem war ich arbeitslos.

Zum ersten Mal in meinem Leben studierte ich Stellenanzeigen. Ich hatte sogar einen Lebenslauf verfaßt, nur wußte ich nicht, wem ich ihn schicken sollte. Ich machte ein paar zaghafte Anrufe bei Freunden und fragte, ob sie nicht eine Lösung wüßten. In meinen Träumen malte ich mir allerlei Möglichkeiten aus, ohne daß es zu konkreten Schritten kam.

In dieser Zeit hörte ich von einer offenen Stelle an einer christlichen Schule. Der Leiter war ein langjähriger Freund. Voller Erwartungen wählte ich seine Nummer, nur um enttäuscht die Mitteilung seiner Sekretärin entgegenzunehmen, daß er nicht zu sprechen sei. Erst eine ganze Weile später erhielt ich den Anruf seines Assistenten. Um Arbeit zu bitten, erwies sich als etwas vom Schwierigsten, was ich in meinem ganzen Leben je unternommen hatte. Meine Sätze klangen unbeholfen. Meine Antworten wirkten zusammenhanglos. Am Ende war ich mir nicht einmal sicher, ob er überhaupt verstanden hatte, was ich eigentlich wollte.

Dennoch versicherte er mir, »zurückzurufen, wenn sich irgend etwas ergeben sollte«. Er notierte meine Telefonnummer und meine Adresse. Ich habe nie wieder von ihm gehört.

Mit meiner Familie besuchte ich eine Reihe verschiedener Gemeinden; in keiner fühlte ich mich wirklich zu Hause. Es schien, als trüge ich ein für jedermann erkennbares Kainszeichen, als sei ich für alle Zeiten »abgestempelt«. Wer mich kannte, begegnete mir sehr herablassend. Einige befreundete Pastoren kamen nach dem Gottesdienst am Ausgang auf mich zu, um sich nach einer für alle peinlichen Begrüßung schnell abzuwenden. Sie wußten nicht, was sie sagen oder wie sie sich verhalten sollten.

Es gab einige wenige – wie wertvoll und lieb waren sie mir! –, die echte Anteilnahme und Fürsorge zeigten. Ihre Nähe wirkte wie eine kühle Brise in einer heißen Wüste. Sie schenkten mir nicht nur die Gemeinschaft, die ich so dringend brauchte, sie halfen mir auch, mein Selbstwertgefühl langsam wiederzugewinnen.

Wie sollte es mit mir weitergehen? Noch besaß ich nicht die

Kraft, irgendeine Aufgabe erfolgversprechend und entschlossen anzugehen. Doch in den folgenden Wochen und Monaten stieg nicht nur der wirtschaftliche Druck der Arbeitslosigkeit, sondern wuchs auch das Sehnen, wieder für den Herrn tätig sein zu dürfen.

Nachdem ich vielerlei Möglichkeiten geprüft hatte, wußte ich, daß es für mich nur eins gab: Pastor sein. Das war mein Leben.

Ich brauchte Stille, brauchte Zeit zum Gebet. Ich wollte fasten und das Angesicht Gottes suchen. Ich brauchte die von keinem Zweifel zu erschütternde Gewißheit, daß Gott immer da war und sich um mich kümmerte. Zu lange hatte ich unter einem verschlossenen Himmel gelebt. Ich brauchte eine neue Begegnung mit dem lebendigen Gott.

Mein Freund und Nachbar, Arnie Blesse, überließ mir sein Sommerhaus am Lake Hume. Ich nahm nur das Nötigste mit und brach auf, ohne zu wissen, wann ich zurückkehren würde.

Obwohl ich es kaum schaffte, bestieg ich einen nahegelegenen Hügel und verweilte unter dem Kreuz, unter dem Hunderte von jungen Leuten ihr Leben Gott zur Verfügung gestellt hatten.

Als ich dort stand, begann ich zu weinen. Ich erkannte, daß meine Berufung zu predigen nie aufgehoben worden war. Gott hatte es sich nicht anders überlegt. Er hatte mich nicht in eine andere Richtung gewiesen und mir auch keine neuen Aufträge gegeben. Also galt meine Berufung noch immer. Alle momentanen Unklarheiten hatten ihren Ursprung nicht in dem souveränen Gott, sondern stammten aus einer anderen, fremden Quelle. Gott war nicht daran schuld, daß mein Leben so durcheinandergeraten war.

Ich kniete neben dem schlichten Holzkreuz nieder, wie es schon so viele andere vor mir getan hatten, und begann zu beten. Es war das längste und klarste Gebet seit Monaten.

»O Vater«, sagte ich, »ich liebe dich, und ich weiß, daß du mich liebst, auch wenn meine Gefühle mir das Gegenteil beweisen wollen. Noch immer sehe ich nicht klar, was mit meinem Leben los ist und warum alles so gekommen ist; doch ich vertraue dir. Ich weiß, du hast einen Plan. Und selbst wenn ich ihn nie völlig verstehen werde, will ich dir dennoch vertrauen.

Bitte, Vater, laß mich wieder Pastor einer Gemeinde sein. Es ist mir gleich, wie groß oder wie klein und wo sie ist. Gib mir einfach ein paar Menschen, für die ich Pastor sein kann. Wenn nötig, will ich mir gern durch eine andere Arbeit meinen Lebensunterhalt verdienen. Nur – bitte, Vater, laß mich wieder Hirte sein!

Und wenn du je Zweifel an meiner Hingabe hattest, Vater, sollst du jetzt wissen, daß ich ganz und gar dir gehöre. Ich werde tun, was immer du von mir willst.«

Und wie ich da auf dem Hügel kniete, nahm ich einen Stock, trieb ihn in den Boden – so etwas war sonst gar nicht meine Art – und fuhr fort: »Vater, dieser Stock an dieser Stelle soll das Zeichen dafür sein, daß ich dir mein Leben neu übereignet habe. Es gehört dir, so lange du es gebrauchen willst.«

Langsam begann ich den Abstieg, ohne daß sich meine Gefühle wesentlich verändert hätten. Nur eins war geschehen: Ich hatte mich festgelegt, nicht aus Notwendigkeit, Furcht oder gar Verzweiflung, sondern einzig und allein aus dem alles überragenden, durchdringenden Wunsch, mich von Gott gebrauchen zu lassen, ganz gleich, wie er mich führen würde.

Mein letzter Feind

Seid nüchtern und wacht;
denn euer Widersacher, der Teufel,
geht umher wie ein brüllender Löwe
und sucht, wen er verschlinge.

1. Petr. 5,8

Während ich in meiner Berghütte saß und darüber nachdachte, was meine noch immer anhaltende Depression verursacht haben mochte, stellte ich mir auch die Frage: »Hat Satan irgend etwas mit meiner Depression zu tun?« Immer wieder in den vier langen Jahren meiner Dunkelheit war die Frage gestellt und von vielen bejaht worden. Aber ich hatte alle ihre Überlegungen gleichgültig, ja geradezu leichtfertig vom Tisch gewischt. Diese Möglichkeit hatte ich immer ausgeschlossen.

Satan war für mich eine geschichtliche Tatsache, der man in christlichen Lehrbüchern begegnete. Gelegentlich kam er in meinen Predigten vor; von seiner Existenz war ich überzeugt, aber ich habe mir nie viel Gedanken über ihn gemacht.

Meine erste wirkliche Begegnung mit der Welt des Okkulten hatte ich 1965 in Haiti, als ich Olipha kennenlernte. Seine Geschichte beeindruckte mich.

Mehr als fünfzig Jahre hatte Olipha das kleine Dorf, in dem er lebte, unter seinem Bann gehalten. Alle, Männer, Frauen und Kinder, fürchteten und verehrten ihn zugleich. Sein Wort war Gesetz, seine Macht überall spürbar.

Dann geschah es. Jesus Christus zog in seine Familie ein. Oliphas Bruder wurde Christ, und er konfrontierte Olipha mit der Botschaft der Erlösung. Oliphas Reaktion kam sofort, und sie war furchterregend. Mit seinem knochigen Finger wies er auf den Bruder und prophezeite dem jungen Gläubigen: »In drei Wochen bist du tot.«

Die Antwort seines Bruders lautete schlicht: »Olipha, ich fürchte mich nicht länger vor dir – denn ›der in mir ist, ist größer als der, der in dir ist‹.«

Auf den Tag genau einundzwanzig Tage später beugte Olipha, der siebenundsechzigjährige haitische Zauberdoktor, in Gegenwart seines immer noch sehr lebendigen Bruders sein Haupt und lieferte sein Leben Christus aus.

Olipha, der Prediger des Evangeliums, hat mich mit seinem Zeugnis zutiefst bewegt. Auch im zwanzigsten Jahrhundert konnte man noch klassische, dramatische Siege Gottes über die Macht Satans erleben. Und Beispiele satanischer Aktivitäten gab es auf Haiti überall. Voodoo, Hexerei, Zauberei, Tier- und sogar Menschenopfer waren an der Tagesordnung. Wo immer sich jedoch Satans Macht zeigte, erwies sich Gottes Kraft als stärker.

Mit neuem Respekt vor meinem Feind kehrte ich in die heimatliche Gemeinde zurück. Aber als ich dort nach ihm Ausschau hielt, war er nirgends zu sehen. Er tauchte in Randbemerkungen von Gesprächen auf, in Bibelstellen, die seine Aktivitäten beschrieben; im normalen Alltag jedoch war er nicht zu entdecken. Damals schien er sich zu verbergen, oder er operierte so geschickt, daß er nicht zu erkennen war.

Das war vor beinahe zwanzig Jahren. Heute sieht es ganz anders aus. Die Tore der Hölle scheinen sich geöffnet zu haben, und Satan hat seine Masken fallen lassen. Die Welt hat einen Frontalangriff der Finsternis erlebt wie nie zuvor in ihrer Geschichte.

Sorgfältig begann ich nun die Schrift zu studieren, um herauszufinden, ob unter Umständen ein Zusammenhang zwischen Satan und meiner Depression bestand.

Immerhin war es während einer Predigtreihe über die geistliche Waffenrüstung in Epheser 6 gewesen, daß ich zum ersten Mal zusammengebrochen war – und nur wenige Tage nach meiner ersten persönlichen Begegnung mit einem Satanisten war ich in mein schwarzes Loch gefallen.

Es war eine schreckliche Erfahrung gewesen. Ich befand

mich gerade auf dem Weg zu meinem Zimmer in einem Konferenzzentrum, in dem ich eine Woche lang als Gastredner zu sprechen hatte. Plötzlich stand mir ein gutaussehender junger Mann gegenüber. Er war siebenundzwanzig Jahre alt und trug alte Militärsachen.

»Heißen Sie Baker oder Barker oder so ähnlich?« fragte er.

»Ja«, erwiderte ich, »ich heiße Baker.«

»Man hat mir gesagt, ich solle mit Ihnen reden«, sagte er.

Sein Auftreten hatte etwas Seltsames und Bedrohliches. Seine Stimme war flach und ausdruckslos. Seine Augen blickten kalt und leer. Ich fürchtete mich, als ich ihn ansah.

Er kam mit in mein Zimmer. Dort bot ich ihm einen Stuhl an. Er lehnte ab. »Nein, ich stehe lieber. Ich muß Ihnen etwas sagen; aber ich kann Sie dabei nicht ansehen, und Sie dürfen auch mich nicht ansehen.« Damit drehte er sich zur Wand, preßte seinen Kopf gegen die Vertäfelung und begann eine der bizarrsten Geschichten zu erzählen, die ich je gehört hatte.

Seit siebzehn Jahren war er ein Anbeter und Priester Satans. In seinem »Dienst« war er im ganzen Land herumgekommen. Es gab keine Form von Okkultismus, in die er nicht mehr oder weniger verstrickt war. Alle zweiundzwanzig Tage wurde er von einem Dämon heimgesucht, der ihn zu unaussprechlich greulichen Taten trieb. Er haßte Gott. Er haßte Christus. Er haßte es auch, jetzt mir mir zu sprechen, und konnte doch nicht anders.

Während er seine Vergangenheit schilderte, geschah etwas Seltsames: Ich konnte einfach nicht wach bleiben. Ich hörte eine der furchterregendsten Geschichten, die man sich vorstellen kann, voller gemeiner, schmutziger, schrecklicher Einzelheiten. Er beschrieb Orgien, bekannte sich zu verabscheuungswürdigen Praktiken, zu begangener Schuld – und mich übermannte ein tiefes Schlafbedürfnis.

Ich kam mir vor wie mit Drogen vollgepumpt und wandte alle möglichen Kniffe an, um nicht einzuschlafen. Ich betete beständig, nur um wach bleiben zu können.

Nach zwei endlos scheinenden Stunden drehte er sich plötzlich zu mir um, mit Augen voller Haß, und schrie: »Fürchten Sie sich denn nicht vor mir? Wissen Sie nicht, daß ich Sie töten kann?«

Mit übernatürlicher Gelassenheit blickte ich in das verzerrte Gesicht und sagte: »Nein, das können Sie nicht, denn Christus, der in mir ist, ist größer als Satan, der in Ihnen ist.«

Im gleichen Augenblick begann er zu schreien. Ein grauenhafter, hoher Schrei entrang sich ihm, er warf die Arme empor und fiel zu Boden. In unkontrollierter Raserei begann er mit dem Kopf gegen den Betonboden zu schlagen und stieß dabei Laute aus, die kaum zu beschreiben sind.

Umsonst hielt ich nach Hilfe Ausschau. Ich rief, doch niemand kam. Ich war allein – allein mit einem dämonisch Besessenen. Zum ersten Mal stand ich dem Feind von Angesicht zu Angesicht gegenüber.

»O Gott, was soll ich tun?« schrie ich. Ich kniete neben dieser von Krämpfen geschüttelten menschlichen Gestalt nieder, schob eine Hand zwischen seine Stirn und den Fußboden und legte die andere auf seinen Rücken. Während ich ihm beruhigend über Kopf und Schultern strich, betete ich: »Herr Jesus, befreie diesen Menschen von Satan!« Ich fuhr fort zu beten und schützte dabei den Kopf des Mannes vor den heftigen Schlägen, so gut es ging. »Im Namen Jesu, dem Herrn des Himmels – dem Herrn aller Herren – befehle ich dir, Satan, daß du den Körper dieses Mannes verläßt!«

Wenn es eine besondere Formel für solche Situationen gab, ich kannte sie nicht. Was ich aber aus den Berichten der Bibel wußte, war, daß die Dämonen im Namen Jesu immer weichen mußten.

Schließlich, es kam mir wie eine Ewigkeit vor, begann sich der Körper des Mannes zu entspannen. Er hörte auf, unkontrollierte Laute und Schaum auszustoßen. Ich drängte ihn, diesen Namen auszusprechen: Herr Jesus, Herr Jesus Christus. Jedes Mal, wenn ich diesen Namen nannte, sah er mich mit flehenden Augen an und griff an seinen Hals, um anzudeuten, daß er nicht sprechen könne.

Während ich neben ihm kniete und seinen Körper an meinen gepreßt hielt, betete ich wieder: »Herr Jesus, löse du die Zunge dieses Mannes, daß er deinen Namen anrufen kann.« Endlich geschah es. Seine Lippen begannen Worte zu bilden. »Sprich ihn aus«, drängte ich ihn. »Sage seinen Namen, sage ›Herr Jesus‹!«

»Ich kann nicht!« schrie er.

Wieder betete ich.

Endlich hob er den Kopf, nahm den letzten Rest seiner Kraft zusammen und rief: »Herr Jesus.« Dann sackte er zusammen und wurde bewußtlos.

Ich legte ihm eine Decke über, rieb ihm den Kopf, massierte Schultern und Rücken und wartete darauf, daß er wieder zu sich kam. »Herr Jesus«, waren seine ersten Worte, als er die Augen wieder aufschlug. Dann erhob er sich, taumelte zu meinem Bett hinüber und übergab sein Leben Jesus Christus.

Nur zwei Wochen nach dieser Begegnung lag ich hilflos auf dem Boden meines eigenen Büros. Weinkrämpfe schüttelten mich, als man mich in den Krankenwagen verfrachtete. Tagelang konnte ich nichts als weinen. Bei jeder neuen Stimme, bei jedem sanften Wort, begannen sofort die Tränen zu fließen.

Seit meiner Entlassung aus Abteilung 7 E hatte ich viele Bücher und alle Bibelstellen gelesen, in denen von Satan und seinen Aktivitäten die Rede war. Wenn ich nach der Befreiung dieses Satanisten einen Fehler begangen hatte, war es der der Selbstverherrlichung. Wie gern erzählte ich diese Geschichte! Die Bewunderung der Zuhörer tat mir wohl. Allzu gern nahm ich den Ruhm für das, was geschehen war, für mich in Anspruch. Ich hatte die Macht des Feindes gehörig unterschätzt. Stolz kam in mir auf – und zerstörte mich beinahe.

Als ich die einzelnen Teile dieses Puzzles zusammenfügte, schrieb ich auf ein Blatt Papier: »Millionen werden vom Okkultismus verführt und versklavt. Die Welt ist aus den Fugen geraten. Der Fürst der Finsternis bereitet seine letzte große Täuschung vor und läßt seinem Zorn freien Lauf, weil er weiß, daß er nur noch wenig Zeit hat (siehe 2. Thess. 2,9–12).

Die Gemeinde leidet unter seinen Schlägen. Überall kommen Christen zu Fall. Auch ich bin gefallen – im Innersten getroffen, verwirrt, orientierungslos, depressiv – durch einen Angriff Satans.«

Als ich diese Worte in der Stille der Berghütte niederschrieb, bemerkte ich plötzlich, daß das Blatt vor mir von Tränen naß war. Ich begann zu schluchzen und sagte dann laut: »O Gott – ist es das, was mit mir geschah?«

Ich ging vom Tisch hinüber zur Couch, kniete weinend nieder und betete und flehte um Vergebung. Ich hatte meinen Feind unterschätzt. Ich hatte die Mahnungen der Heiligen Schrift mißachtet. Ich hatte versucht, diesen schrecklichen Kampf ohne die nötige Rüstung zu bestehen. Ich hatte die Ehre, die allein Gott gebührte, für mich in Anspruch genommen. Ich war mir als Sieger vorgekommen, obwohl ich doch nur Zuschauer gewesen war. »Herr, habe ich dich wirklich so mißachtet? O Vater, vergib mir, vergib mir!«

Noch lange nachdem die Tränen versiegt waren und ich mein Gebet beendet hatte, kniete ich vor der Couch. Und auf einmal spürte ich, daß sich etwas verändert hatte. Nichts Ekstatisches, Lautes war geschehen; nichts Überwältigendes, Sensationelles – aber ich fühlte mich ganz anders als vorher.

Als ich dieses Gefühl näher untersuchte, spürte ich neue Kraft in meinen Gliedern, bemerkte die Dinge, die mich umgaben; ich sah, ich fühlte, ich hörte. War das möglich? Hatte die dunkle Wolke sich endlich verzogen? War die Welt für mich zu neuem Leben erwacht?

Ich stand auf und bewegte mich zunächst nur sehr vorsichtig. Gefühl, Wahrnehmung, Bewußtsein, Kraft – war das wirklich da? Würde es bleiben? Ich begann zu danken; singend und lachend lobte ich Gott.

Ich zog mir die Jacke über und rannte ins Freie. Mehr stolpernd als laufend gelangte ich von Arnies Häuschen hinunter zum Freizeitzentrum, wo Zimmerleute gerade am neuen Speisesaal arbeiteten. Einer meiner Diakone war bei ihnen. »Jerry, mir geht's wieder gut!« rief ich ihm zu. »Danke für deine Gebete!« Überrascht und ungläubig blickte er auf. Er brauchte ein wenig Zeit, um zu begreifen. Später würde auch er sich darüber freuen können, daß es stimmte und ich wieder Anschluß an die Wirklichkeit gefunden hatte.

Kräftig schritt ich aus und umrundete den See; ganze fünf Kilometer legte ich so zurück. Ich sang. Ich weinte. Ich lachte. Ich betete. Ich sagte Bibelstellen auf. Ich sprach mit Vögeln und Bäumen.

Bis heute bin ich dankbar, daß mich niemand dabei gesehen hat. Man hätte mich sicher auf schnellstem Wege nach 7 E zurückgebracht.

Drei Tage prüfte ich, ob diese Veränderung wirklich anhielt, ob ich wirklich heraus war aus meinem schwarzen Loch. Ja, es stimmte! Meine Depression mit ihren vielfältigen Ursachen und Wirkungen war endlich verschwunden ... sie war überwunden.

Als ich nach Hause zurückkam, rief ich meine Familie zusammen, aber ich erzählte nichts – nur, daß Gott gehandelt hatte. »Drei Tage lang werde ich nichts verraten. In der Zwischenzeit«, fuhr ich fort, »könnt ihr mich beobachten, mir zuhören und selbst feststellen, was sich bei mir verändert hat.«

Dann marschierte ich in die Garage, kramte den Rasenmäher hervor und mähte forsch den Rasen rund ums Haus. Mit der Rasenschere bearbeitete ich die Ränder und Ecken, harkte das Gras zusammen, räumte die Geräte wieder ordentlich weg – und das alles vor den Augen dreier Menschen, die nicht fassen konnten, was sie sahen. Meine Familie hatte mich nämlich die ganze Zeit vom Fenster aus beobachtet, jeden Augenblick darauf gefaßt, daß ich zusammenbrechen würde und sie mich »auflesen« müßten. Als ich ins Haus zurückkehrte, erkundigten sie sich besorgt, ob alles in Ordnung sei. Als ich mit »Ja« antwortete, wollten sie wissen, was geschehen war. »Noch nicht«, bat ich, »warten wir noch ein wenig. Haltet die Augen offen. Später erzähle ich euch dann alles.«

Ich konnte es nicht drei Tage lang für mich behalten. Schon am zweiten Tag saßen wir im Wohnzimmer beisammen, und ich berichtete die ganze Geschichte.

Wir beteten, lachten und weinten zusammen. Martha hat oft gesagt, daß dieser Durchbruch zurück ins Leben für sie die dramatischste und plötzlichste Heilung sei, die sie je erlebt habe. Die letzten Teile im verwirrenden Puzzle meines Kampfes waren gefunden.

Es dauerte noch eine Weile, bis wir es öffentlich bekanntgaben. Doch dann erfuhr es jeder, der es hören wollte: »Vati ist endlich aus seinem schwarzen Loch heraus. Vatis Depression ist verschwunden!«

Wieder im Dienst

Er zog mich aus der grausigen Grube,
aus lauter Schmutz und Schlamm,
er stellte meine Füße auf einen Fels,
daß ich sicher treten kann.

Psalm 40,3

Es klopfte laut an meiner Tür. Nur wenige Stunden waren vergangen seit meiner Befreiung. Als ich öffnete, wurde mir eine Telefonnummer gegeben. Jemand hatte vergeblich versucht, mich zu erreichen. So schnell wie möglich sollte ich zurückrufen.

Am anderen Ende der Leitung war Dr. Norman Lewis, ein guter Freund aus Portland, Oregon. »Don, in ein paar Wochen haben wir hier in Hinson eine Missionskonferenz«, erklärte er. »Unser Missionsausschuß hat gestern abend beschlossen, daß ich dich fragen soll, ob du unser Hauptredner sein willst. Bist du frei, um für eine Woche zu uns zu kommen?«

»Ob ich frei bin?« sagte ich. »So frei wie jetzt war ich noch nie!«

»Möchtest du über der Sache noch beten?« erkundigte er sich.

»Norm«, antwortete ich, »ich habe schon ein ganzes Jahr lang gebetet. Ich komme gern und freue mich jetzt schon auf die Zeit mit euch!«

Damals wußte ich noch nicht, daß die Gemeinde in Hinson zur Zeit ohne Pastor war. Die Einladung bedeutete zunächst einmal nichts anderes, als eine Woche lang wieder predigen zu können.

In Portland war ich im *Western Conservative Baptist Seminary* untergebracht. Das Gästezimmer war liebevoll geschmückt mit Blumen, auch eine Schale mit Nüssen und ein Korb frischer Früchte fehlten nicht. Auf dem Tisch lag ein herzlicher Gruß von meinem lieben Freund, Dr. Earl Radmacher.

Die Gemeinde in Hinson hat eine hundertjährige, traditionsreiche Geschichte. Große Männer sind hier Pastoren gewesen, und große Dinge waren geschehen.

Aber zur Zeit war sie ohne Pastor.

In den letzten Jahren hatten Skandale und eine Spaltung die Gemeinde arg mitgenommen. Die Verantwortlichen hatten alles versucht, um die Situation zu verbessern und neues Leben in die Gemeinde zu bringen. Umsonst. Die Mitgliederzahlen waren gesunken, der Gottesdienstbesuch war zurückgegangen, und viele Gemeindeglieder hatten resigniert.

Aber gerade dort habe ich auch einige der treuesten Christen kennengelernt, denen ich je begegnet bin. Sie hatten sich geweigert, der Entmutigung Raum zu geben. Sie waren überzeugt, daß ihre Gemeinde nicht nur eine Vergangenheit, sondern auch eine Zukunft habe.

Ich genoß jeden Augenblick der Woche, die ich dort mit ihnen verbrachte. Alte Freundschaften wurden wieder aufgefrischt, ich spürte Gottes Gegenwart und erlebte seine Kraft.

Wir beteten um ein gewaltiges Wirken Gottes unter uns. Am Sonntag erlebten wir es. Im Sonntagabend-Gottesdienst kamen Dutzende junger Leute nach vorn, um ihr Leben Gott zur Verfügung zu stellen.

Ich war der glücklichste Mensch der Welt.

Bereits im Lauf der Woche war einer nach dem anderen zu mir gekommen und hatte gefragt, ob ich nicht bleiben wolle. Dr. Walter Johnson kam als erster. Tief bewegt sagte er: »Herr Baker, ich glaube, daß Gott Sie uns als Pastor geschickt hat.« Kermit Miller, Frances Peters und viele andere fühlten sich gedrungen, mir Ähnliches zu sagen.

Es fiel mir sehr schwer, mit meiner Überraschung und meinem Staunen über das, was ich hörte und empfand, fertigzuwerden. »Sollte dies mein Weg sein ...? Nein, die Gemeinde in Hinson ist nicht der richtige Ort für mich, nach allem, was ich gerade hinter mir habe«, dachte ich.

Auch zwei der Hauptverantwortlichen suchten mich auf. Beide stellten mir eine Reihe von Fragen. Wir redeten miteinander und beteten. Sie baten mich, über die vereinbarte Woche hinaus zu bleiben, um noch weiteres zu besprechen. Ich sagte nicht, daß ich ohnehin nichts anderes vorhatte; die meisten wußten es inzwischen sowieso.

Bei diesen Begegnungen wurde mehr und mehr deutlich, daß Gott am Werk war – bei ihnen und bei mir. Es wurde immer klarer, daß sie mich wirklich als ihren Hirten haben wollten, obwohl sie genau über mich Bescheid wußten.

Sie fragten mich zum Beispiel: »Wenn Sie als Pastor zu uns kämen, was wäre Ihr Programm?« Ohne auch nur einen Augenblick zu zögern, antwortete ich: »Das kann ich beim besten Willen noch nicht sagen.« Ich hatte gelernt, daß Gemeinden wie Menschen sind: jede ist anders, jede hat ihre eigene »Persönlichkeit«. Es ist unmöglich, das Programm einer Gemeinde einfach auf eine andere zu übertragen. »Aber Gott weiß, was wir brauchen«, fuhr ich fort. »Der Heilige Geist wird uns leiten. Selbst wenn es eine Weile dauert, er wird uns die Richtung zeigen, in die wir gehen sollen.«

In dieser Zusammenkunft berichtete ich dann noch ausführlicher von meiner Depression und meinem Aufenthalt in der psychiatrischen Klinik. Ich forderte sie auf, den leitenden Arzt anzurufen, und mit ihm offen über meine Krankengeschichte zu sprechen.

Ich erklärte ihnen, daß ich depressiv veranlagt sei und nicht wüßte, ob unter allzu starken Belastungen nicht wieder etwas davon hervorbrechen würde. Mit großer Offenheit wurden diese Probleme in der ganzen Gemeinde durchdiskutiert. Es kamen viele gezielte Fragen. Die Anwesenden gewannen Einblick in die inneren Kämpfe, die ich durchlitten hatte.

Und dann kam die offizielle Bitte, ihr Pastor zu werden.

Nicht einen einzigen Augenblick zweifelte ich daran, daß dies der Wille des allmächtigen Gottes war. Martha, John und Kathy teilten diese freudige Gewißheit.

Inzwischen bin ich neun Jahre in der Gemeinde in Hinson. Kein Dienst zuvor war erfüllender und fruchtbarer gewesen. Zwischen Pastor und Gemeinde entwickelte sich ein entspanntes, natürliches Verhältnis. Die Liebe zueinander ist gewachsen, es ist ein herzliches, lebendiges Miteinander.

In den neun Jahren sind rund zweitausendfünfhundert neue Mitglieder hinzugekommen – mehr als tausend von ihnen ließen sich taufen. Ihren Teil an der weltweiten Evangelisation zu leisten, ist das Ziel, das die Gemeinde zusammengeschweißt hat. Fast hundert junge Leute aus unseren Reihen sind entweder bereits auf dem Missionsfeld tätig oder bereiten sich auf eine solche Aufgabe vor. Die Gemeinde hat die Herausforderung angenommen, sich um Arme, Hilflose und Bedürftige zu kümmern. Durch diese Arbeit sind zwei neue Gemeinden entstanden.

Mit einem Schmunzeln haben einige bemerkt: »Gott nahm einen toten Pastor, steckte ihn in eine tote Gemeinde und hat beide zu neuem Leben erweckt.«

In nüchterner Einschätzung der Tatsachen habe ich des öfteren gesagt: »Es ist für mich eine Ehre und ein Vorrecht, dieser Gemeinde in solch einer Segenszeit dienen zu dürfen.«

Nach all dem, was ich hier beschrieben habe, bleibt die Frage: Wie ordnet man eine solche Erfahrung ein?

Und meine Antwort lautet: Ich weiß es nicht; ich versuche es auch nicht mehr herauszufinden. Ich begnüge mich damit, über einen Gott zu staunen, der sich der Schwachen in dieser Welt annimmt und an ihnen seine große Kraft zeigt. Ich betrachte mich als ein schwaches Gefäß, durch das Er handelt.

Was habe ich aus dieser Erfahrung gelernt?

Die Zeit des Lernens ist nicht vorbei. Noch immer erkenne ich beinahe täglich etwas Neues. Klarer als je zuvor sehe ich meinen Gott, mein Ich, meine Familie, meine Bibel, meine Gemeinde und meinen Dienst. Gott lenkt mich hin auf das Wesentliche.

Außerdem habe ich anzunehmen gelernt, *daß ich depressiv veranlagt bin* – auch wenn diese Schwäche nicht unbedingt direkt zum Ausbruch kommt. Noch immer muß ich gelegentlich zu Medikamenten greifen, um plötzliche Stimmungsschwankungen unter Kontrolle zu halten.

Heute weiß ich auch, *daß es noch viele andere gibt, die ebenfalls depressiv sind.* »Depression« – wenn ich öffentlich über dieses Thema spreche, stoße ich oft auf tieferes Interesse als bei Vorträgen über andere seelische Probleme.

Ein Arzt sagte mir einmal, daß schätzungsweise fünfzehn Prozent der Weltbevölkerung depressiv veranlagt sind und einem Ausbruch ihrer Veranlagung meist hilflos gegenüberstehen.

Jedes Mal, wenn ich über meine Depression spreche, deuten mir Dutzende von Christen durch ein leises Dankeschön an, daß sie ebenfalls mit diesem Problem zu kämpfen haben.

Ganz neu habe ich begriffen, *welchen Wert der beständige Umgang mit dem Wort Gottes hat.* Lügen haben niemals ihren Ursprung bei Gott. »Gott ist nicht ein Gott der Unordnung« (1. Kor. 14,33). »In ihm (Gott) ist keine Finsternis« (1. Joh. 1,5). Das negative Denken, das in der Dunkelheit der Depression vorherrscht, kann nur durch die erleuchtende Wahrheit Gottes überwunden werden. In meinen wachen Momenten erwies es sich als die beste Verteidigung gegen das drohende Dunkel, daß ich die Bibel aufschlug und Gott selbst zu mir reden ließ.

Ich habe gelernt, *nicht allem zu glauben, was meine Gefühle mir sagen.* Gefühle muß man verstehen, ja, ihnen sogar manchmal folgen. Dennoch sind sie höchst wechselhaft. Häufig hängen sie von der körperlichen Verfassung oder äußeren Umständen ab. Ich *fühlte* mich verurteilt. Ich *fühlte* mich ungeliebt. Ich *fühlte* mich ausgestoßen. Die Gefühle waren echt, aber sie entsprachen nicht der Wirklichkeit.

Meine Beziehung zu Gott ruhte in meinen dunkelsten Stunden auf ebenso sicherem und festen Grund wie in den Tagen, als es mir blendend ging.

Immer wieder kam mir Römer 8,1 in den Sinn und machte mir die unumstößliche Wahrheit bewußt: »So gibt es nun keine Verdammnis für die, die in Christus Jesus sind« – auch wenn meine Gefühle dem zu widersprechen schienen.

Obwohl es mir nicht voll zu Bewußtsein kam, hat mich Gott sogar in diesen zehn Wochen auf Station 7 E gebraucht. Der Heilige Geist war auf unsichtbare Weise am Werk.

Ständig kamen Männer zu mir, um mich um Rat zu fragen.

Zwölf Alkoholiker hatten mich zu ihrem Seelsorger ausersehen. Menschen fanden auf 7 E zum Glauben. Der »Wohlgeruch Christi« durchzog jene Korridore, und er ging aus von dem Leben eines Christen, der »fühlte«, daß der Heilige Geist ihn seit langem verlassen hatte.

Ich habe gelernt, *nicht allem zu glauben, was Satan mir einreden will.* Der Betrüger, der ohne Unterlaß die Brüder verklagt (Offb. 12,10), versucht beständig, unser geistliches Leben durch Schuldgefühle durcheinanderzubringen. Und zeitweise gelingt es ihm, uns völlig zu entmutigen und lahmzulegen.

Es gibt durchaus eine Möglichkeit, herauszufinden, ob unsere Schuldgefühle auf die Anklagen Satans zurückzuführen sind oder ob eine echte Schuld vorliegt, die der Heilige Geist uns zeigen will. Satans Anklagen sind immer allgemein und nicht sehr konkret. Er flüstert uns beständig ein, daß wir unwürdig seien oder daß Gott Menschen wie Sie und mich unmöglich lieben könne.

Ganz anders dagegen das Werk des Heiligen Geistes. Gottes Geist macht uns gezielt auf eine bestimmte Sünde aufmerksam, die sich klar erkennen läßt. Er schafft keine Verwirrung, sondern zeigt uns deutlich, welche Handlungsweise wir konkret als Sünde bekennen und aufgeben sollen.

Wenn Schuldgefühle einsetzen und sich trotz sorgfältiger Suche keine Ursache finden läßt, können Sie diese Gefühle getrost als eine weitere Lüge Satans, des Vaters der Lüge, einstufen und vergessen.

Ich habe gelernt, *nicht alles zu glauben, was Menschen mir sagen.* Wenn Ihnen jemand sagt: »Depression ist Sünde!« – glauben Sie es nicht! Depression ist oft die Folge von Sünde; Depression an sich dagegen ist keine Sünde. Und wenn jemand behauptet: »Christen werden nicht depressiv!« – dann glauben Sie auch das nicht.

Mose, Elia, David, Jeremia, Jona, Paulus und sogar Jesus, als er auf der Erde lebte, wiesen gelegentlich alle Kennzeichen einer Depression auf. David sprach von seiner »betrübten Seele« und von einer »verzweifelten Seele«, eine Beschreibung, die für depressive Menschen auch heute noch verständlich ist.

In vielen Fällen ist Depression sogar eine gesunde, normale

Reaktion. Der Mensch reagiert damit auf das, was er erlebt. Depression ist ein Hilfeschrei, der signalisiert, daß ein bestimmter Lebensbereich zu kurz gekommen ist. Der Betroffene sollte auf seine Depression hören, weil sie ihm etwas Wichtiges mitteilen möchte.[7]

So verworren die Botschaft der Depression auch sein mag, sie ist in keinem Fall als Zeichen dafür zu werten, daß Gott diesen Menschen verlassen hat oder daß Gottes Führung für ihn nicht länger gilt.

Wir dürfen dem lauten Schrei der Depression nicht gestatten, die leisen, aber gewissen Zusagen Gottes zu übertönen, durch die er uns wissen läßt, daß er uns liebt und bei uns ist.

Und was war nun die Ursache meiner Depression?

Ich weiß es nicht. Ich habe hier einfach berichtet, wie alles geschah. Sie haben eine wahre Geschichte gelesen.

Alles allein Satan zuzuschreiben, hieße, ihm mehr Macht zuzugestehen, als er besitzt.

Auch meine körperlichen Unzulänglichkeiten, Streß, Überarbeitung usw. können nicht allein dafür verantwortlich gemacht werden. Das Durcheinander meines Wollens und Fühlens spielte gewiß eine nicht unbedeutende Rolle.

Stolz, Ehrgeiz und Selbstverherrlichung als Ursache hinzustellen, klingt einleuchtend, ist aber auch nur ein Teil der Wahrheit.

Vermutlich haben alle diese Elemente – und weitere unerkannte dazu – meine Depression ausgelöst.

Eines weiß ich jedoch ganz genau: Der gnädige Gott legte seine liebende Hand auf die Psyche eines Mannes, der sich zu sehr auf die eigenen Fähigkeiten und Kräfte verlassen hatte. Er, der himmlische Vater, brachte mich auf die Knie, lehrte mich, mich für den Rest meines Lebens ganz und gar auf ihn zu verlassen. Denn er allein wird jeder Herausforderung gerecht, der wir uns im Laufe unseres Lebens gegenübersehen mögen.

Warum habe ich meine Geschichte so ausführlich erzählt?

Damit, daß ich einen schmerzlichen Teil meiner Vergangenheit geschildert habe, verbinde ich eine ganz bestimmte Hoffnung.

Ich wollte Ihnen, die Sie vielleicht einem Menschen in seinem schwarzen Loch zur Seite stehen, helfen, diesen Menschen besser zu verstehen. Ich wollte Ihnen Mut machen, die Geduld und die Liebe nicht zu verlieren. Begleiten Sie ihn auch weiterhin, ohne ihn zu verurteilen oder gleichgültig zu werden.

Und Ihnen, die Sie selbst im Schatten einer Depression leben, wünsche ich, daß Sie sich wenigstens teilweise in diesem Bericht wiederfinden und dadurch neue Hoffnung schöpfen können. Denn denken Sie immer daran: Es wird Ihnen wieder besser gehen. Es wird vielleicht eine Weile dauern, aber es wird Ihnen wieder besser gehen!

Teil II
Wege zum Verständnis

Emery Nester

Meine Beziehung zu Don Baker

Ein Anruf informierte mich über das, was mit Don geschehen war. Seelisch völlig am Ende, saß er allein hinter zugezogenen Vorhängen in seinem Ferienhäuschen am Strand von Isla Vista. Mein Schwager Bob Gillikin hatte angerufen und mich gebeten, mit Don in Verbindung zu treten und ihm zu helfen.

Fünfzehn Jahre waren vergangen, seit sich Dons und meine Wege getrennt hatten. Ähnliche Wünsche und Ziele hatten uns zusammengeführt. Wir waren beide Mitglieder der *Evangel Baptist Church* in Portland. Unsere ersten Studienjahre verbrachten wir an derselben Universität. Beide wollten wir Geistliche werden. Und tatsächlich wurden wir beide Pastoren in derselben Denomination Oregons. Aber trotz all dieser gemeinsamen Erfahrungen und Erlebnisse, die zu einer engen Beziehung hätten führen können, war unsere Freundschaft eher oberflächlich geblieben.

Und nun sollte diese oberflächliche Bekanntschaft die Grundlage für eine therapeutische Beziehung werden. Ich hegte große Zweifel am Erfolg eines solchen Unterfangens. Wie würde ich Don wirksam helfen können, wo wir doch nie über flüchtige Kontakte hinausgekommen waren?

Dies war jedoch nicht das einzige Problem. Ich hatte mich von Anfang an von Don nicht angenommen gefühlt. Ich betrachtete ihn und eine bestimmte Gruppe Geistlicher unserer Denomination als Wichtigtuer, die mir fernstanden. Ich hatte das Gefühl, daß sie nichts mit mir zu tun haben wollten und mich nicht besonders mochten.

Die Ursache meiner negativen Gedanken über Don war jedoch nicht allein in seiner – tatsächlichen oder eingebildeten – Einstellung zu mir zu suchen.

Meine eigenen Unzulänglichkeiten und die Tatsache, daß ich Schwierigkeiten hatte, mich selbst anzunehmen, trieben mich dazu, mich ständig mit anderen zu vergleichen. So verglich ich mich auch mit Don, der – so schien es – immer Erfolg hatte und allseits beliebt war. Dies schuf noch mehr Distanz zwischen uns.

Zu jener Zeit hatte ich auch begonnen, gewisse Dinge in meinem eigenen Leben aufzuarbeiten.

Ich hatte die Highschool vorzeitig verlassen. Zudem litt ich unter einer schweren Sprachstörung. Einen Großteil meiner Jugendjahre hatte ich in der Armee verbracht und dort Zuflucht in der Gemeinschaft gesucht. Ich war voller Zweifel, ob ich jemals ein guter Pastor werden würde, obwohl dies mein sehnlichster Wunsch war.

Diese negative Selbsteinschätzung wurde zum Filter, durch den ich meine Beziehung zu Don sah. Dabei entging es mir, daß Don eine ähnlich negative Einstellung zu sich selbst hatte.

Als ich jetzt erfuhr, daß er sich in einer derart schlechten Verfassung befand, kamen die alten Gefühle wieder hoch. Mein erster Gedanke war: »Endlich hat es ihn erwischt. Seine Probleme haben ihn eingeholt.«

Aber er war ein Diener Gottes – wenn auch momentan unfähig zum Dienst und in großen inneren Nöten. In mir regten sich echte Sorge und ein Gefühl der Verantwortung. Ich hatte gehört, daß dieser Mann in außergewöhnlicher Weise von Gott gebraucht worden war. Daher nahm ich die Helferrolle an, fest entschlossen, Don näher kennenzulernen und mich ernsthaft auf ihn einzulassen.

Im Laufe der Therapie änderte sich allmählich meine Einstellung zu ihm. Nach ungefähr hundert gemeinsam verbrachten Stunden hatte sich auch seine Einstellung zu sich selbst verändert. Er war ein anderer Mensch geworden.

Zunächst hatte ich in ihm nur den zaghaften, hilfsbedürftigen Menschen gesehen, der verzweifelt darum rang, seine Depression loszuwerden. Er nahm die Therapie sehr ernst. Pünktlich hielt er jede Verabredung ein. Er sprach über seine geheimsten Gefühle, seine verzerrten Denkstrukturen – über alles, was irgendwie im Zusammenhang mit seiner Erkrankung stehen konnte. Er war offen für meine Ratschläge und arbeitete hart an sich selbst.

Im Verlauf der Therapie sah ich Don in einem neuen Licht: Er war auch nur ein Mensch wie ich. Ich lachte und weinte mit ihm und durchlitt mit ihm manche seiner inneren Verletzungen. Ich bekam Einblick in sein Innerstes, einen Einblick, wie man ihn nur gewinnen kann, wenn man einen Menschen begleitet, der verzweifelt ist und nach einem Ausweg sucht.

Er sprach über Dinge, die ihn umtrieben. Er vermißte seine Familie. Er hatte Angst um seinen künftigen Lebensunterhalt. Er machte sich Gedanken über seine Gemeinde, von der er so abrupt getrennt worden war. Viele unbewältigte Probleme aus der Vergangenheit drängten an die Oberfläche.

Ich versuchte, alles in mich aufzunehmen, was er aus seinem Innersten preisgab. Dieser Prozeß veränderte uns beide. Ich lernte einen Menschen kennen, den ich zuvor als »distanziert« abgestempelt hatte. Und als sich unsere therapeutische Beziehung ihrem Ende näherte, hatte ich das Gefühl, daß aus Don eine wirkliche Persönlichkeit geworden war.

Er hatte Züge entwickelt, die seinem Wesen eine neue Tiefe gaben. Er war empfindsamer geworden für seine eigenen Gefühle und die anderer Menschen. Er erkannte, was es wirklich heißt, ein Diener Gottes zu sein. Er lernte, wie er erfolgreich arbeiten konnte, ohne wieder in den Abgrund der Depression zu stürzen.

Das Ende unseres gemeinsamen Weges stand unter einem besonderen Zeichen: dem Zeichen echter, brüderlicher Freundschaft. Hier war ein Mann, den ich liebte und achtete und der seinerseits mich liebte und achtete. Es ist nicht leicht, an dieser Stelle von all dem zu reden, was mich bewegt. Doch ohne diese letzten Perspektiven bliebe die Geschichte meiner Beziehung zu Don unvollständig.

Don hat mir dankbar bekannt, daß er seine jetzige Tätigkeit als Geistlicher zum Teil mir und meiner Hilfe in seinen dunkelsten Stunden verdankt. Heute werde ich selbst jede Woche durch seinen Dienst gesegnet. Seit zwei Jahren ist Don mein Pastor. Ich kann jetzt selbst miterleben, wie Gott ihn gebraucht. In unserer Gemeinde herrscht eine Atmosphäre der

Liebe und der Einmütigkeit. Woche für Woche folgen Menschen der Einladung ihres Erlösers und beginnen ein neues Leben mit ihm. Durch Dons vollmächtige Predigten werden Menschen aufgerichtet und ihr inneres und äußeres Leben gefestigt.

In seiner Offenheit und Ehrlichkeit als Mensch ist Don uns allen ein Vorbild geworden. Die Zaddikim – osteuropäische Juden des achtzehnten und neunzehnten Jahrhunderts – glaubten, daß Gott in allen Dingen sei, auch in den alltäglichsten Verrichtungen und Gesprächen. Durch ihre Menschlichkeit und zugleich innige Verbundenheit mit Gott gewannen sie das tiefe Vertrauen der Menschen um sie her. In ganz ähnlicher Weise versucht auch Don sein Leben zu führen, und auch er hat einen Platz im Herzen unzähliger Menschen gefunden.

Bestünde mein einziger Dienst für meinen Erlöser darin, einen Beitrag zum seelsorgerlichen Wirken dieses Mannes geleistet zu haben – es wäre genug; es würde reichen, mein Leben davor zu bewahren, sinnlos gewesen zu sein.

Grundzüge und Erscheinungsformen der Depression

Depression hat viele Gesichter.

Da ist ein Jugendlicher, der die Erfahrung gemacht hat, daß er Erfolge vorweisen muß, um vor seinen Eltern bestehen zu können. Aber es gelingt ihm nicht, ihre Erwartungen zu erfüllen, und er fühlt sich deshalb abgelehnt und ungeliebt. Allmählich zieht er sich in sich selbst zurück, versinkt in einen depressiven Zustand und hört auf, sich um die Gunst der Eltern zu bemühen. Er schläft viel, ißt schlecht und spielt mit dem Gedanken, sich das Leben zu nehmen.

Da ist ein Mann in den mittleren Jahren. Er hat ein abgeschlossenes Studium und eine gute berufliche Position. Sein Leben scheint wohlgeordnet, als unerwartet eine Krankheit eintritt, die sein Leistungsvermögen bleibend einschränkt. Er verliert seinen Posten an einen Jüngeren und muß einsehen, daß er seinen Beruf nie wieder wird ausüben können. Für eine Umschulung ist es jedoch zu spät. Nirgends eine Möglichkeit für einen beruflichen Neubeginn. Er hat nichts zu tun, wird nicht mehr gebraucht und fällt als Ernährer der Familie aus. Diese Umstände und Verlusterlebnisse lassen ihn in tiefste Verzweiflung und Hoffnungslosigkeit versinken. Er sieht keinen Ausweg mehr.

Auch ältere Menschen leiden häufig unter Depressionen. Nehmen wir ein typisches Beispiel: Da ist eine Witwe, die eine sehr geringe Rente bezieht. Auch früher hatte sie von Zeit zu Zeit depressive Phasen. Jetzt, wo sie allein ist, scheint ihr das

Leben sinnlos. Ihre Freunde sind gestorben oder wohnen weit weg. Niemand kümmert sich um sie, und auch zu den Familien ihrer Kinder hat sie kaum Kontakt. Solche Erfahrungen führen dazu, daß der ältere Mensch sich zurückzieht, sich selbst vernachlässigt und schwere seelische Störungen entwickelt.

Wie wir sehen, gibt es die verschiedensten Erscheinungsformen von Depression. Das Krankheitsbild »Depression« läßt sich nicht – von einer individuellen Erfahrung ausgehend – allgemeingültig definieren.

Da gibt es beispielsweise den phasenhaften Krankheitsverlauf. Margie versinkt von Zeit zu Zeit, scheinbar ohne Grund, in eine tiefe, langanhaltende Depression. Diese Phase dauert mehrere Monate. Allmählich geht es ihr jedoch besser, ja, sie gerät in einen Zustand der Hochstimmung, Überaktivität und Unrast, der sich fast so negativ auf ihr Leben auswirkt wie die vorausgegangene Schwermut. Dieser Vorgang wiederholt sich über Monate und Jahre hinweg immer wieder.

Eine andere Form der Depression wird von einem jungen Mann so erlebt: Er fühlt sich durch und durch als Versager, der sein Leben nicht mehr in der Hand hat und diesen Zustand aus eigener Kraft nicht ändern kann. Er versinkt in einen Zustand tiefer, andauernder Depression.

Bestimmte Lebensabschnitte scheinen manche Menschen empfänglicher für Depressionen zu machen. Dies trifft insbesondere auf das Alter zu.

Auch zeigen bestimmte Persönlichkeitstypen eine besondere Anfälligkeit für Depression. Ein perfektionistischer Mensch mit einem empfindsamen Gewissen wird viel eher depressiv als einer, der eine eher sorglose Einstellung zum Leben hat.

Außerdem scheinen in manchen Familien häufiger depressive Erkrankungen aufzutreten als in anderen, wobei diese Veranlagung oft eine Generation überspringen kann. Dies trifft z. B. auf seelische Störungen wie die manisch-depressive Psychose zu, die vererbbar zu sein scheint. Diese Störung läßt sich in der Regel schon bei den Vorfahren nachweisen.

Die Depression folgt keinem bestimmten Zeitplan. Sie kann in jedem Lebensabschnitt auftreten. Im Kapitel *Involutive Depression* werden wir uns mit der kritischen Phase der mittleren Jahre, des Klimakteriums, befassen. Aber wie schon gesagt, werden auch ältere Menschen häufig von Depressionen heimgesucht. In dieser Zeit sind die Persönlichkeitsmerkmale voll ausgeprägt, die Abwehrmechanismen jedoch geschwächt. Eine Neigung zur Depression in den jüngeren Jahren führt oft zu schwerer Depression im Alter.

Ein Persönlichkeitstypus ist ganz besonders anfällig für Depressionen, nämlich der zwanghafte Charakter. Seine Übergewissenhaftigkeit zeigt sich in seinem außergewöhnlichen Bemühen, den Maßstäben seines Gewissens gerecht zu werden. Er ist ausgesprochen gehemmt und übermäßig pflichtbewußt. Diese Sensibilität des Perfektionisten endet oft in Depression, wenn er glaubt, bestimmten Anforderungen nicht zu genügen. Auch neigt der zwanghaft Veranlagte dazu, Ärger nie offen zu zeigen, sondern ihn gegen sich selbst zu richten, was ihn depressiv werden läßt.

An vier Erscheinungsformen der Depression möchte ich einige allgemeingültige Ursachen aufzeigen. Der Therapeut muß um die Dynamik jeden Krankheitsverlaufs wissen, um die Diagnose stellen und eine Therapie ausarbeiten zu können.

Reaktive Depression (verursacht durch Umgebung oder Umstände)

Susan ist seit dreizehn Jahren verheiratet. Ihre Ehe ist zwar nicht besonders gut, aber Susan ist durchaus zufrieden und John, ihrem Mann, in tiefer Liebe zugetan.

Eines Tages macht John eine Andeutung, daß er sich scheiden lassen will. Es ist kein Streit oder irgendein anderes Ereignis vorausgegangen, das eine solche Entscheidung erklären könnte. Susans Bemühungen, ihn umzustimmen, schlagen fehl. John zieht aus und beantragt die Scheidung.

Susan fühlt sich verlassen. Sie hat – seit sie mit John verheiratet ist – nie außer Haus gearbeitet. Sie weiß nicht, was sie tun soll. Sie hegt tiefen Groll gegen ihren Mann, weil er sie verlassen hat, aber sie wagt nicht, diesen Ärger offen zu zeigen. Sie wird schwer depressiv.

Äußere Umstände sind heute die häufigsten Ursachen für Depressionen. Therapeuten mit langjähriger Berufserfahrung haben beobachtet, daß jedes einzelne Problem ihrer Patienten auf bestimmte Lebensumstände zurückzuführen war.

Die reaktive Depression ist die Reaktion auf ein Verlusterlebnis, das als unangenehm, schädigend oder gar vernichtend empfunden wird. Beispiele sind der Verlust des Ehepartners, des Arbeitsplatzes, der Verlust des Ansehens oder des Lebenssinns. Solch ein Verlust ruft Zorn oder Wut hervor, eine Empfindung, die der Betroffene jedoch nicht wahrhaben will. Der Ärger wird statt dessen nach innen gerichtet, man macht sich selbst zum Objekt seines Ärgers. Kein Wunder, wenn man sich dann »niedergeschlagen« fühlt und es zur Depression kommt. Zu alldem gesellen sich oft noch Angstgefühle.

Involutive Depression (Depression in den mittleren Jahren)

Thelma ist Anfang Fünfzig. Sie war achtundzwanzig Jahre lang Hausfrau. Ihre Kinder haben inzwischen geheiratet und selbst Familien gegründet. Der Versuch, noch einmal eine Ausbildung zu machen, schlägt fehl – Thelma fühlt sich nicht in der Lage, mit Jüngeren mitzuhalten. Ihre Ehe ist nicht besonders gut, und in vieler Hinsicht kommt sie sich vor wie in einer Falle.

Ihr Mann bringt ihr sehr wenig Anteilnahme entgegen. Die gegenseitige Zuneigung ist verschwunden. Man redet kaum noch miteinander. Hoffnungen, die sie früher für ihr Leben gehegt hat, haben sich als unrealistisch erwiesen. Sie hat keine Träume mehr. Die rauhe Wirklichkeit zwingt ihr die Erkenntnis auf, daß das Leben wahrscheinlich nichts mehr für sie bereithält.

Im Laufe der Zeit versinkt Thelma in eine tiefe Depression, die schon an Stumpfsinn grenzt. Sie reagiert kaum noch auf ihre Umwelt. Morgens ist ihr Zustand am schlimmsten. Sie wird von Schuldgefühlen geplagt und magert immer mehr ab. Die Diagnose würde in diesem Fall wahrscheinlich Involutive Depression lauten.

Involutive Depression ist eine Erscheinungsform der Depression, die in den mittleren Lebensjahren auftritt. Ihr Ausbruch steht in keinem direkten Zusammenhang mit einem bestimmten Ereignis. Die Ursache dieser Depression ist vielmehr

ein allgemeines Gefühl der Unzufriedenheit mit den Lebens-
umständen und die Überzeugung, daß das, was vom Leben
noch bleibt, nicht wert ist, gelebt zu werden. Zu dieser Einschätzung gelangt der Betroffene nicht durch bewußtes Nach-
denken. Sie entsteht eher unbewußt und wird verdrängt. Nur
die daraus hervorgehende, schwere Depression wird voll erlebt.

Ehe- und Familienprobleme kommen auch beim Mann in
den mittleren Jahren auf. Doch bei ihm sind es eher berufliche
Anforderungen, z. B. der Druck, mit der Konkurrenz Schritt
halten zu müssen, die sein seelisches Gleichgewicht bedrohen.
Die Beschäftigung mit diesen Problemen kann zu solch einer
Besessenheit werden, daß der Mann am Ende unfähig ist, überhaupt noch Entscheidungen zu treffen. Dieser Zustand der Un-
entschlossenheit lähmt ihn, gleichzeitig wehrt er sich aber dagegen, von anderen abhängig zu werden. Alles scheint ihm zu
entgleiten, alles verloren zu sein. Wenn dieser Mensch keinen
Ausweg mehr sieht, setzt eine schwere Depression ein. Sorge,
Angst, Unrast und Schlaflosigkeit werden in diesem Zustand
zu allnächtlichen Schreckgespenstern.

Depressive Psychose

Nehmen wir einmal an, ein junges Mädchen macht einen zaghaften, aber dennoch ernstgemeinten Versuch, sich das Leben
zu nehmen. Sie will damit ihre Mutter treffen, die mit dem
Mädchen allzu streng umgeht. Die Tochter bleibt am Leben,
aber die Mutter ist völlig durcheinander. Sie fühlt sich schuldig
und verliert den Kontakt zur Realität. Sie ist überzeugt, daß
ihre Tochter tot ist. Das Mädchen ist zwar scheinbar am Leben,
doch – nach Meinung der Mutter – nur aufgrund eines ärztli-
chen Tricks. Sie glaubt allen Ernstes, daß die Augen ihrer
Tochter nur durch winzige Hölzchen offen gehalten werden.
Bei dieser Frau würde die Diagnose »Depressive Psychose«
lauten.

Eine Depressive Psychose ist die Reaktion auf ein äußerst
erschütterndes Erlebnis. Die Fähigkeit, die Realität klar zu erkennen und normal zu reagieren, ist beeinträchtigt. In diesem

Sinne ist sie eine schwere Form der Depression, die sehr lange anhalten kann.

Im Falle einer Depressiven Psychose sieht der Betroffene seine Depression als gerechtfertigt an und ist daher bestrebt, diesen Zustand zu erhalten. Eine drastische Veränderung seiner Urteilsfähigkeit und Einstellung zum Leben ist die Folge.

Manisch-depressive Psychose

Arthur ist Ende Dreißig. Er ist Akademiker in einer guten Position und mit einem angemessenen Einkommen. Zweimal hat er als junger Erwachsener schon schwere depressive Phasen durchgemacht, obwohl es keine erkennbaren Ursachen für diese seelischen Störungen gab.

Seine letzte depressive Phase begann nach einer längeren Periode der Überaktivität. Diese Zeit war gekennzeichnet von Schlafstörungen, übermäßigem Redebedürfnis und stetigem Hochgefühl. Es geschah häufig, daß er um fünf Uhr morgens zu Nachbarn ging und sie aufweckte. Dieser manischen Phase folgte eine Periode relativ normaler seelischer Verfassung, die allmählich in einen schwer depressiven Zustand überging, der mehrere Monate anhielt.

Die Manisch-depressive Psychose ist eine schwere Form der Depression, die unserer Gesellschaft viele Probleme aufgibt. Die Stimmungslage des Manisch-Depressiven reicht von tiefster Schwermut bis zu höchstem Hochgefühl. Oft verschwinden diese Stimmungsschwankungen für längere Zeit, treten aber später wieder auf. Das Ergebnis ist ein unbeständiges Leben: Der seelische Normalzustand wird immer wieder von nicht vorhersagbaren Hochs und Tiefs unterbrochen. Die Hoffnung auf Besserung endet meist mit dem erneuten Auftreten der Krankheitssymptome. Weil bei dieser Form der Depression kein bestimmtes, auslösendes Moment erkennbar ist, vermuten viele Fachleute, daß die Manisch-depressive Psychose erblich bedingte, körperliche Ursachen hat.

Manisch-Depressive sprechen oft gut auf medikamentöse Behandlung an.

Die folgenden Kapitel wollen praktische Einsichten in bezug

auf depressive Störungen vermitteln. Thema des nächsten Kapitels ist der Zusammenhang zwischen Depression und Selbstkonzept, d. h. dem Bild, das jeder Mensch von sich selbst hat.

Selbstkonzept und Depression

Ein Krankenhaustherapeut stellte Don unter anderem folgende Frage: »Was denken Sie *über sich selbst*?«

Don formulierte seine Empfindungen etwa folgendermaßen: »Ich bin zu nichts zu gebrauchen. Mein Selbstbewußtsein ist auf dem Nullpunkt. Ich habe meine Selbstachtung verloren ... Ich bin ein Versager.«

Ein Besuch seiner Frau ließ noch mehr solcher Regungen in ihm aufsteigen: »Aller Stolz, alles Geleistete und alles Lobenswerte waren von mir abgestreift. Ich war ein Wrack und am Ende. Ich fühlte mich dieser Frau, die ich doch so sehr liebte, zutiefst unwürdig.«

Ein Depressiver fühlt sich unbedeutend und wertlos. Im Zustand der Depression ist es schwer, sich selbst realistisch einzuschätzen. Der Depressive sieht nur das Schlechte, nur seine Fehler. Er hat ein negatives Bild von sich selbst. Aufgrund dieser Beobachtung wird die Depression oft auf negative Selbstkonzepte oder Selbstbilder zurückgeführt.

In diesem Kapitel wollen wir uns darum mit dem Wesen des Selbstkonzepts befassen und zeigen, in welchem Zusammenhang es mit der Depression steht.

Eine wichtige Bemerkung vorab: Negative Selbstkonzepte scheinen zwar zu den Begleiterscheinungen der Depression zu gehören, sie sind jedoch nicht ihre Ursache. Umgekehrt gilt jedoch: Ein positives Selbstkonzept wappnet uns gegen Depression.

Jede Erfahrung, die wir im Leben machen, beeinflußt die Art und Weise, wie wir uns selbst sehen, unsere Selbstkonzepte. Sind unsere Selbstkonzepte eher positiv, werden uns negative Erlebnisse – wie jene Gefühle, die uns im Zustand der Depression überfallen – nicht völlig niederschmettern. Wir verarbeiten dann die negativen Erfahrungen, statt uns von ihnen bestimmen zu lassen. Wir sehen also, wie wichtig unsere Selbsteinschätzung ist. Deshalb wollen wir uns zunächst der grundsätzlichen Frage zuwenden:

Was ist ein Selbstkonzept?

Wir haben ganz verschiedene Vorstellungen von uns selbst. Aus jeder dieser Vorstellungen erwächst ein bestimmtes Selbstkonzept.

Ich will mich einmal selbst als Beispiel nehmen: Ich sehe mich als Mann, als Christ, als Ehemann und als Vater. Früher war ich einmal Langstreckenläufer, und ich hoffe, diesen Sport wieder aufnehmen zu können. Ich bin Radfahrer und Besitzer deutscher Autos. Ich war früher Pastor in verschiedenen Gemeinden. Heute bin ich Psychologe, Dozent – und irgendwo auch ein Einzelgänger.

Dies sind nur einige wenige Aspekte dessen, was meine Person, mein »Ich« ausmacht, und aus denen meine Selbstkonzepte entstehen.

Diese Selbstkonzepte sind von unterschiedlicher Wichtigkeit. Daß ich mich als Christ bekenne, ist sicher bedeutsamer für mich, als die Tatsache, daß ich deutsche Autos besitze. Die Beziehung zu Christus ist die wichtigste Beziehung in meinem Leben überhaupt.

Auch sind einige unserer Selbstkonzepte klarer und eindeutiger als andere. Ich sehe mich selbst als Christ. Darüber besteht für mich kein Zweifel. Christus hat mich erlöst, und ich lebe von seiner Gnade. Ganz anders sieht es jedoch aus, wenn ich behaupte:

»Ich bin ein guter Christ.« Diese Aussage ist längst nicht so eindeutig wie die erste.

Wenn wir nun all unsere Vorstellungen von uns selbst zusammennehmen, so kommen wir zu einem ganz bestimmten, umfassenden Selbstkonzept. Dieser Vorgang geschieht unbewußt.

Stellen Sie sich eine gerade Linie vor. Jedes unserer Selbstkonzepte ist auf dieser Linie angeordnet – das negativste ganz links, das positivste ganz rechts. Eine Trennlinie in der Mitte scheidet die positiven von den negativen Selbstbildern. Überwiegen nun die Selbstkonzepte auf der linken oder negativen Seite, so ist unser Selbstkonzept insgesamt negativ. Mehr Selbstbilder auf der positiven Seite bedeuten ein insgesamt positives Selbstkonzept.

Wann setzt die Bildung eines Selbstkonzepts ein?

Die Entwicklung des Selbstkonzepts beginnt bereits kurz nach der Geburt. Es läßt sich kaum feststellen, wie wir uns selbst in diesem frühen Stadium sehen. Doch bestimmt haben wir bereits früh vage und undeutliche Vorstellungen oder Bilder von uns selbst.

Zu Beginn unseres Lebens werden wir von Menschen geprägt, die unsere Bedürfnisse stillen. Sind wir hungrig, so machen wir durch unser Geschrei die Mutter auf uns aufmerksam, und sie kommt mit dem Fläschchen. Sind die Windeln naß, und wir geben unserem Unbehagen Ausdruck, so ist Vater oder Mutter mehr oder weniger rasch zur Stelle.

Als Kleinkinder brauchen wir das Gefühl der Geborgenheit. Wir müssen lernen, darauf zu vertrauen, daß die Mutter uns nicht verlassen hat, auch wenn sie gerade nicht anwesend ist. Wir wollen berührt, gestreichelt und in den Arm genommen werden. (Ohne diesen Körperkontakt geschieht es, daß Kinder geistig und körperlich förmlich »dahinwelken«.)

Unser Selbstwertgefühl bildet sich aufgrund dieser frühen Kontakte mit unserer Umwelt. Werden unsere Grundbedürfnisse vernachlässigt oder ignoriert, entwickeln wir negative Gefühle in bezug auf unsere eigene Person und betrachten uns als wertlos. Aber auch das Gegenteil trifft zu: Wenn unsere Umwelt positiv auf uns reagiert und mit uns umgeht, entwickeln wir positive Vorstellungen von uns selbst und halten uns für wertvoll. Diese Vorstellungen von uns selbst fassen wir zu einem uns eigenen Selbstkonzept zusammen, das wir im Laufe unserer Entwicklung immer weiter ausformen.

Zwei wichtige Eigenschaften des Selbstkonzepts

Zwei Merkmale sind charakteristisch für jedes Selbstkonzept. Erstens: Das Selbstkonzept eines Menschen ist stabil. Hat es sich einmal herausgebildet, ist es schwer zu verändern. Wir haben das Bedürfnis, unser Selbstkonzept zu bewahren, das Bild, das wir uns von uns selbst gemacht haben, zu festigen – ganz gleich, ob dieses Bild nun positiv oder negativ ist. Anhand dieses starren Selbstkonzepts interpretieren wir jedes Ereignis in unserem Leben.

Nehmen wir beispielsweise einen Ehemann, der sich unzulänglich vorkommt. Er deutet das freundliche Verhalten seiner Frau anderen Männern gegenüber als Flirt. Indem er so die Freundlichkeit seiner Frau überinterpretiert, bewahrt er sich sein Selbstkonzept der Unzulänglichkeit. (Viele Ehepaare haben Beziehungsschwierigkeiten, weil ein oder beide Partner negative Selbstkonzepte mit sich herumtragen.)

Ein Ehemann mit einem positiven Selbstkonzept dagegen wird die Freundlichkeit seiner Frau als charmantes Verhalten interpretieren. Er sieht in ihr einen Menschen, der aus sich herausgeht und gern mit anderen Menschen zusammen ist. Diese Deutung bestätigt sein eigenes positives Selbstkonzept. Er hat eine ihm entsprechende Partnerin.

Das zweite Merkmal des Selbstkonzepts scheint zunächst dem ersten zu widersprechen, ist jedoch eher als Ergänzung zu verstehen:

Obwohl das Selbstkonzept insgesamt stabil ist, unterliegt es gewissen Schwankungen. Das heißt, daß kein Selbstkonzept ein für allemal festgeschrieben ist. Die grundlegende Beständigkeit unseres Selbstkonzepts, das unser tägliches Verhalten bestimmt, schließt kleine Abweichungen oder Veränderungen unseres Selbstbildes nicht aus.

Die Veränderung des Selbstkonzepts

Veränderung. Das ist ein langwieriger und schwieriger Prozeß. Doch viele Menschen, die sich einer Therapie unterziehen, wollen anders werden. Sie wollen ihr Selbstkonzept verändern.

Es ist jedoch nicht möglich, in ein paar wenigen therapeutischen Gesprächen das Selbstkonzept völlig umzukrempeln. Viele Patienten erwarten von ihrem Therapeuten, daß er ihnen ein paar Ratschläge gibt, die auf sozusagen magische Weise ihr Selbstkonzept verändern. Doch es gibt hier keine Zauberformeln. Wenn wir einmal unsere Reaktion auf objektiv richtige Aussagen über unsere Person überprüfen, von denen wir selbst jedoch das Gefühl haben, daß sie unwahr sind, so ist das Ergebnis *nicht* sofortige Überzeugung und eine Veränderung unserer Einstellung. Das Ergebnis ist vielmehr Zweifel in Form von Befremden oder Sprachlosigkeit.

Manche wenden ein, daß die Erkenntnis dessen, was die Gnade Gottes für uns bewirkt hat, auch ein positives Selbstkonzept hervorbringen müsse.

Der Gedanke ist nicht schlecht, und er ist »geistlich«. Er klingt nicht nur logisch, sondern auch theologisch einwandfrei. Das Problem ist nur, daß die Sache so einfach nicht funktioniert. Zahllose Christen, die wissen, daß sie zu Christus gehören und von ihm geliebt werden, haben dennoch ein gebrochenes Verhältnis zu sich selbst und sehen sich vorwiegend in einem negativen Licht.

Don Baker berichtet, wie er Gottes Gnade auf eine ganz neue Art erfahren hat. Vom aktiven Leben abgeschnitten, entdeckte er zu seiner Verwunderung, daß Gott auch die Untätigen liebt. Er liebte sogar ihn, Don Baker. Und er hatte ihn nicht verlassen. Aber diese Erkenntnis allein vermochte ihn noch nicht dem Würgegriff der Depression zu entreißen.

Die Erfahrung, sich von einem Therapeuten geliebt und angenommen zu wissen, kann eine Veränderung im Selbstkonzept eines Menschen bewirken. Ja, vielleicht erfährt er durch die Beziehung zu einem liebevollen und einfühlsamen Therapeuten das erste Mal in seinem Leben Verständnis und echte Anteilnahme. Dies mag eine Veränderung bewirken – aber eine sehr geringe.

Aber wie ist es dann möglich, unser Selbstkonzept zu verändern?

Es gilt, Erfahrungen zu sammeln, die sich von unserer jetzigen Einstellung zu uns selbst unterscheiden. Solche Erfahrungen machen wir im Kontakt zu unserer Umwelt. Das ist ein langer Prozeß und nicht nur eine Frage veränderten Denkens.

Nehmen wir einmal an, jemand leidet darunter, daß er nur geringe akademische Leistungen vorzuweisen hat. Wenn er je das Gefühl gewinnen will, auch auf diesem Gebiet etwas zu leisten, muß er Kurse absolvieren, studieren, einen akademischen Grad erwerben oder sonst etwas in dieser Richtung unternehmen. Ein anderes Beispiel: Wenn jemand sich für einen guten Vater halten will, muß er sich erst einmal als guten Vater erleben.

Was hat das Selbstkonzept mit Depression zu tun?

Zunächst müssen wir uns klarmachen, daß unser Selbstkonzept zum Filter wird, durch den wir alles, was um uns herum geschieht, sehen und interpretieren.

Ich habe bereits erwähnt, daß meine eigene negative Selbsteinschätzung zum Filter wurde, durch den ich meine Beziehung zu Don Baker sah. Mein negatives Selbstkonzept verzerrte meine Einschätzung unserer Freundschaft und ließ in mir negative Gefühle aufkommen.

Ich möchte diesen Mechanismus am Beispiel eines Verlusterlebnisses erläutern. Sind unsere Selbstkonzepte insgesamt negativ, werden wir auch einen persönlichen Verlust negativ aufnehmen, so wie es dem Gefühl unserer eigenen Wertlosigkeit entspricht. Das Verlusterlebnis bestätigt dann nur das Bild, das wir ohnehin von uns haben. Wenn ich meine Arbeitsstelle verliere und mir ohnedies schon als Verlierer vorkomme, bestätigt dieser Verlust meine negativen Gefühle über mich selbst. Das Bild, das ich von mir habe, nämlich ein Versager zu sein, wird gefestigt und leistet einer Depression Vorschub.

Wenn ich mich aber eher in einem positiven Licht sehe, werde ich ein Verlusterlebnis oder ein Versagen nicht negativ deuten. Das negative Erlebnis wird sinnvoll in mein gesamtes Selbstkonzept eingefügt – ein Selbstkonzept, das mit vielen positiven Selbstbildern angereichert ist. Dann kann ich diesem Erlebnis sogar eine positive Deutung abgewinnen. Auf diese Weise hat ein positives Selbstkonzept eine Schutzfunktion gegen bestimmte Formen der Depression.

Aus dem Wort Gottes geht eindeutig hervor, wie wichtig ein positives Selbstkonzept ist. In Matthäus 22,39 wird Selbstliebe mit Nächstenliebe in Verbindung gebracht. Die Fähigkeit zur Nächstenliebe hängt mit der Fähigkeit zur Selbstliebe zusammen. In Römer 12,3 ermahnt uns Paulus, daß wir uns selbst realistisch einschätzen und uns selbst annehmen sollen.

Im Zusammenhang zwischen Selbstkonzept und Depression ist ein zweiter Schritt notwendig, um uns aus unserem dunklen Loch herauszuholen. Es gilt, unsere negativen Selbstkonzepte in positive zu verwandeln, indem wir positive Erfahrungen machen. Wir müssen das Reservoir unseres Gesamt-Selbstkonzepts mit positiven Bildern von uns selbst füllen.

Während seines Klinikaufenthaltes versuchte Don, anderen Patienten seelsorgerlich beizustehen. Er hatte zwar das Gefühl, daß er es nicht wert sei, noch Pastor genannt zu werden, ließ sich aber dennoch auf die Nöte anderer ein. Eine Gruppe von Alkoholikern nahm ihn dann auch als ihren Seelsorger an. Diese Erfahrung gab Don ein Stück Vertrauen in seine Fähigkeiten zurück und vermittelte ihm eine positivere Selbsteinschätzung. Wir alle brauchen solche positiven Erfahrungen und sollten uns bewußt darum bemühen.

Eltern, Lehrer, Geistliche und andere Leute, die viel mit Menschen zu tun haben, sollten sich unbedingt klarmachen, welche Bedeutung das Selbstkonzept für einen Menschen hat. Wir alle sollten uns darum bemühen, unseren Mitmenschen zu Erfahrungen zu verhelfen, die zu einem positiven Selbstkonzept führen. Dies ist zwar kein Allheilmittel gegen Depressionen. Aber Gefühle der Wertlosigkeit und Nutzlosigkeit haben ihre Ursache in negativen Selbstkonzepten. Und diese wiederum sind Begleiterscheinungen der Depression.

Gefühle, die wir nicht loswerden

»Wie fühlen Sie sich?«

Schwer faßbar und unbestimmt waren die Gefühle, die Don während seiner Depression zu schaffen machten. Er konnte jedoch kein bestimmtes Gefühl nennen, das für seinen Zustand charakteristisch gewesen wäre, und so nannte er dem Therapeuten eine Reihe von Stichworten, die seine Stimmung wiedergaben:

»Traurig. Leer. Einsam. Hoffnungslos. Ängstlich. Wertlos. Hin- und hergerissen. Verstoßen.«

Der bewegende Bericht von Dons Depression läßt uns mit unseren eigenen Gefühlen der Schuld, Wertlosigkeit, Verwirrung und Hoffnungslosigkeit zurück. Gefühle gehören zum Menschsein. Und doch übersehen wir oft ihren Einfluß auf unser Leben. Wir wollen uns im folgenden etwas näher mit dem Wesen und der Wirkung von Gefühlen befassen und überlegen, wie man angemessen mit ihnen umgehen kann.

Einige Grundeinsichten

1. Gefühle – richtig oder falsch?

Richard ist Schichtarbeiter in einer Konservenfabrik. Die wirtschaftliche Lage ist schlecht. Die Nachfrage nach Dosenfisch ist gesunken. Die Fabrik muß Arbeitskräfte entlassen, unter ihnen auch Richard. Er hat das Gefühl, als breite sich eine Leere in ihm aus, und er ist zutiefst niedergedrückt.

Ist dieses Gefühl nun richtig oder falsch?

Gefühle sind weder richtig noch falsch. Sie sind einfach da. Entscheidend ist, wie wir mit ihnen umgehen, und das gilt für alle Gefühle, die uns bewegen. Gefühle an sich sind keine Sünde.

2. Gefühle – irrational und subjektiv

Betty und Jim laden ihre Nachbarn zum Essen ein. Die Nachbarn lehnen dankend ab. Dies geschieht jedoch genau an dem Tag, an dem Jim einen größeren geschäftlichen Auftrag verliert.

In der Zwischenzeit erhält Betty einen Anruf von der Schule. Ihr Sohn Jimmy hat sich ziemlich daneben benommen und wird für diesen Tag nach Hause geschickt.

Als Betty den Wagen in der Einfahrt hört, läuft sie ihrem Mann entgegen, und die beiden tauschen die schlechten Nachrichten aus. Nachdenklich schauen sie über den Gartenzaun und machen sich Gedanken über die Nachbarschaft. Es beschleicht sie das Gefühl, daß man sie nicht leiden mag. Ein bestenfalls irrationales und subjektives Gefühl.

Gefühle sind irrational und subjektiv. Oft können wir nicht einmal ihre Ursache ausmachen. Wie oft verzerren sie unsere Sicht der Realität!

3. Gefühle – wichtig und notwendig

Mit dem Ausdruck »nach Hause gehen« verbinden wir nostalgische Erinnerung an vertraute Orte, angenehme Gedanken an vergangene Tage und ein Gefühl der Herzenswärme für Familie und Freunde. Können Sie sich vorstellen, am Schluß von Händels *Messias* das »Große Halleluja« zu hören, ohne von tiefen Gefühlen bewegt zu werden, wenn die Zuhörer sich spontan von ihren Plätzen erheben? Und wie armselig wäre das Leben ohne das zärtliche Beschützergefühl einer Mutter oder eines Vaters, die ihr hilfloses Baby, das nachts erwacht ist, tröstend in den Armen wiegen?

Gefühle sind ein wesentlicher Bestandteil unseres Menschseins. Sie verleihen unserem Leben Qualität. Ein Leben ohne Gefühle oder ein an Gefühlen armes Leben wäre langweilig und sinnlos. Ohne Gefühle der Freude und des Friedens wäre auch die Tatsache unserer Erlösung in dieser Welt voller Leiden sehr viel weniger faßbar und konkret.

4. Gefühle – wenn sie verleugnet werden

Walter hatte geahnt, daß sein Vater ihm eine schroffe Abfuhr erteilen würde. Er war mit der Vermögensverwaltung der Familie betraut und hatte durch Finanzspekulationen große Einbußen erlitten. Walters Vater machte seinen Sohn vor versammelter Familie herunter und schalt ihn einen »unfähigen Dummkopf«. Walter ließ die Schimpfkanonade ruhig über sich gehen und wehrte sich nicht.

Heute, Monate später, kocht er innerlich noch immer vor Wut. Obwohl Walter seinem Ärger nie Luft gemacht hat, ja noch nicht einmal sich selbst gegenüber eingestanden hat, daß er auf seinen Vater wütend ist, spürt er, wie seine negativen Gefühle immer stärker werden. Aber er ist sich der Ursache seines Ärgers nicht bewußt, da er von Anfang an dieses Gefühl nicht hatte wahrhaben wollen.

Wenn dieses Nicht-Wahrhaben-Wollen unserer Gefühle zur Gewohnheit wird, machen wir uns verwundbar und werden anfällig für seelische Krankheiten. Werden Angst oder Ärger unterdrückt oder verleugnet, ist eine Neurose nicht mehr weit. Die Unfähigkeit, mit solchen Gefühlen angemessen umzugehen, hemmt unser Innenleben und macht es uns schwer, uns als Menschen normal zu entfalten.

5. Gefühle – wenn sie verboten werden

Sally ist eine enttäuschte, alleinstehende Frau. Bis zu ihrem dreißigsten Geburtstag war sie voller Lebensfreude. Ihr Beruf füllte sie ganz aus, und sie plante meistens nicht weiter als bis zum nächsten Wochenende. Ledig oder verheiratet zu sein, war für sie überhaupt kein Thema.

Aber mit diesem Geburtstag wurde ihr schlagartig bewußt, daß ihre Jugendjahre zu Ende waren, und sie sah ihre Zukunft in einem düsteren Licht. In den letzten Jahren hatte sie eine Ahnung davon bekommen, was es heißt, ohne einen Partner durchs Leben zu gehen. Ihre Freunde hatten gemahnt: »Als Christ solltest du solche Gefühle nicht aufkommen lassen.« Aber sie ließen sich nicht vertreiben.

»Solche Gefühle solltest du nicht aufkommen lassen.« Oder: »Warum gibst du dich solchen Gefühlen hin?« – Einem Menschen mit derartiger Kritik zu begegnen, hilft ihm meistens nicht weiter – im Gegenteil, es ruft nur natürliche Abwehrreaktionen hervor. Ich habe deshalb derartige Äußerungen aus meinem therapeutischen Wortschatz gestrichen.

6. Gefühle – empfinden lernen

Wir müssen lernen, unseren Gefühlen Raum zu lassen, sie beim Namen zu nennen, uns mit ihnen auseinanderzusetzen.

Wer es sich zur Gewohnheit macht, nur bestimmte Gefühle an sich herankommen zu lassen, macht sich anfällig für seelische Krankheiten. Nur wenn wir uns all unsere Gefühle offen eingestehen und sie richtig verarbeiten lernen, werden wir seelisch gesunden bzw. gesund bleiben.

Mit Problemen richtig umgehen

Viele versuchen sich ihr seelisches Gleichgewicht zu erhalten, indem sie ihr Ich »verteidigen«. Dazu bedienen sie sich verschiedener Abwehrmechanismen. Hier nur einige Beispiele.

Da ist zunächst einmal das Leugnen, das *Nicht-Wahrhaben-wollen*: Wenn ein lebensgefährlich erkrankter Mensch sich nicht damit auseinandersetzen kann oder will, daß seine Krankheit zum Tode führt, geschieht es oft, daß er seinen bedenklichen Zustand einfach leugnet. Auf diese Weise versucht er sich vor der Realität des Todes zu schützen.

Ein weiterer Abwehrmechanismus, mit dem wir unsere Angstgefühle bekämpfen, ist die *Verdrängung*. Unangenehme oder schmerzliche Erfahrungen werden in tiefere Bewußtseinsschichten abgedrängt. Auf diese Weise gelingt es uns, sie zu »vergessen« und den Schmerz zu dämpfen. Schwere Formen der Verdrängung können eine Amnesie hervorrufen, d. h. teilweisen oder völligen Gedächtnisschwund.

Möglich ist auch die *Projektion*: Man macht einen anderen Menschen für etwas verantwortlich, für das man selbst die Schuld trägt.

All diese Abwehrmaßnahmen sind – solange sie nicht überstrapaziert werden – normale und notwendige Mechanismen zur Aufrechterhaltung unseres seelischen Gleichgewichts. Wenn wir uns jedoch nur noch auf sie verlassen, geraten wir in Gefahr, einen neurotischen Lebensstil zu entwickeln. In diesem Zusammenhang meint Neurose lediglich einen subjektiven seelischen Schmerz, der weit über das hinausgeht, was als Reaktion auf die gegenwärtige Lage des Betreffenden angemessen wäre. Diese übermäßige Verletzbarkeit führt zu unreifem Verhalten und begünstigt das Auftreten von Depressionen.

Ein Mensch kann unter einer verborgenen Neurose leiden, die seine Leistungsfähigkeit unbewußt hindert, und doch ein Leben lang sein seelisches Gleichgewicht mit Hilfe von starken Abwehrmechanismen aufrechterhalten. Auf der anderen Seite kann das Abwehrsystem eines Menschen durch körperliche Beschwerden oder andere Einflüsse geschwächt und außer Kraft gesetzt werden. Dann drängen die Probleme ungehindert an die Oberfläche. Neurosen, die zuvor nur unterschwellig gewirkt haben, treten nun offen zutage, und der Mensch sieht sich plötzlich allen Problemen gegenüber, die er bisher erfolgreich verdrängt hat.

Don ist in dieser Hinsicht ein typisches Beispiel. Jahrelang hatte er sich unermüdlich in Arbeit, Dienste und andere Verpflichtungen gestürzt. Zwar hatten Dons unbewältigte Probleme die ganze Zeit über sein Leben beeinträchtigt, doch konnte er sie mit einem intakten seelischen Abwehrsystem erfolgreich in Schach halten – bis es zu einem akuten Erschöpfungszustand kam und damit zum totalen seelischen Zusammenbruch. Nun standen die verdrängten Gefühle auf, wurden intensiv und quälend. Einige, die mit seiner schwierigen neuen Situation zusammenhingen, waren durchaus angemessen, andere wiederum total übersteigert. Doch Don konnte nicht mehr ausweichen. Er mußte all diese Gefühle durchleben, sie prüfen und mit ihnen umgehen lernen.

Heute gestattet sich Don, Gefühle zu haben. Er kann lachen

und weinen. Er kann sich aber auch Ärger und Wut eingestehen. Wir, die wir ihm Sonntag für Sonntag zuhören, sehen, daß er ein Mensch ist wie wir. Wir wissen um seine körperliche und seelische Schwachheit. Aber er ist ein Gefäß, durch das Gottes Kraft sich mächtig erweist.

Wagen wir es, uns selbst Gefühle zu erlauben? Wagen wir es, durch und durch menschliche Gefäße Gottes zu sein? »Die Frucht aber des Geistes ist *Liebe, Freude, Friede* ...« – lauter menschliche Gefühle.

Die helfende Familie

Peggy lag im Bett und starrte an die Decke. Sie machte sich Gedanken über ihren Mann Robert, der neben ihr schlief. Vor drei Monaten hatte er ihr eingestanden, daß er unter Depressionen litt. Er hatte abgenommen und war auch schon mehrmals der Arbeit ferngeblieben. Er hatte nicht einmal mehr Lust, an den Wochenenden Golf zu spielen.

Robert wälzte sich unruhig hin und her und murmelte einige unverständliche Sätze. Peggy fragte sich, ob er aufstehen und ins Wohnzimmer gehen würde, wie er es schon in vielen Nächten getan hatte. Aber er schlief weiter. Das war gut. Vor ein paar Wochen hatten sie ernsthaft über die Möglichkeit einer Therapie gesprochen. Aber Robert hatte sich dagegen gesträubt und sich noch ein wenig Zeit ausgebeten, »um mit den Dingen selbst fertigzuwerden«. Sie begann zu beten und hoffte, ihre Ängste unter Kontrolle zu bringen. Sollte sie ihn ermutigen, einen Therapeuten aufzusuchen, oder seine eigene Entscheidung abwarten? War er auf dem Wege der Besserung, oder ging es ihm schlechter? War sie selbst zum Teil schuld an seiner Depression? Peggy wußte nicht mehr, was sie denken oder tun sollte.

Bei einer ernsthaften Depression wird die Familie des Betroffenen unmittelbar in Mitleidenschaft gezogen. Auch Freunde und Kollegen haben oft unter der entmutigten und hoffnungslosen Lebenseinstellung des Depressiven zu leiden.

Bin ich schuld?

Wenn ein Mitglied meiner Familie depressiv wird, werde ich mir vielleicht die Frage stellen, ob ich nicht, zumindest teilweise, die Ursache für diese Depression bin. Unter Umständen quälen mich heftige Schuldgefühle. Ich habe den Depressiven ständig vor Augen und werde den Gedanken nicht los, daß ich irgendwie für sein Leiden mitverantwortlich bin.

Dazu muß man folgendes wissen: Die Depression ist das Ergebnis bestimmter seelischer Vorgänge, die einer Eigengesetzlichkeit unterworfen sind, oder der körperlichen Verfassung, die mit diesen seelischen Vorgängen zusammenwirkt. So gesehen, ist die Ursache beim Depressiven selbst zu suchen.

Auf der anderen Seite wird kaum jemand völlig unabhängig von seiner familiären Situation depressiv, was allerdings nicht heißt, daß man der Familie die Alleinschuld am Zustand des Depressiven anlasten kann. Jedoch kann der Lebensstil einer Familie den Ausbruch einer Depression begünstigen.

Bestimmte Vorkommnisse und Verhaltensweisen innerhalb einer Familie können Gefühle von Hoffnungslosigkeit aufkommen lassen. Dazu gehören Verlusterlebnisse, z. B. der Tod eines geliebten Menschen. Ständiges Herumnörgeln, etwa die tagtäglich gezeigte Verachtung der Mutter für ihre »ausgeflippte« Tochter, zerstört den Mut zur Bewältigung der Zukunft. Wenn ein Mensch sich nicht angenommen fühlt – ein alter Mensch beispielsweise spürt, daß man ihm ständig aus dem Wege geht –, sinkt sein Selbstwertgefühl oft auf den Nullpunkt. All diese Dinge können mit der depressiven Verfassung eines oder mehrerer Familienmitglieder in Zusammenhang stehen. Selbst bei einer gelegentlichen depressiven Verstimmung, die körperliche Ursachen hat, kann die Familie den negativen Hintergrund abgeben, der dem Depressiven zusätzlich zu schaffen macht.

Als Familie oder deren einzelne Glieder können wir jedoch besser auf die Depression reagieren als nur mit unangebrachten Schuldgefühlen. Wir können zum Beispiel die schwere Depression eines Familienmitglieds als Gelegenheit nutzen, unser Zusammenleben kritisch unter die Lupe zu nehmen und uns zu fragen, welchen Einfluß bestimmte Verhaltensmuster auf einzelne von uns haben. Familien, die einander auf liebevolle Weise unterstützen, sind in der Regel seelisch gesund. Gegenseitige Annahme und Verständnis füreinander verringert die Möglichkeit einer depressiven Erkrankung.

Aber keine Familie ist vollkommen. Wird jemand aus unserer Familie depressiv, so besteht kein Grund, uns selbst alle Schuld anzulasten. Vielmehr ist es ratsam, wenn die Familie als Ganzes mit einem einfühlsamen Seelsorger oder Therapeuten spricht.

Dons Familie war bereit, sich an seiner Therapie zu beteiligen. Martha, seine Frau, und seine Kinder John und Kathy, sie alle wurden einbezogen. Ihr Lohn war die Erkenntnis, daß ihre Familie »normal, glücklich, liebevoll, offen für andere und von einem bemerkenswerten Zusammenhalt« war. Welch tröstliche Versicherung in einer schweren Zeit!

Die Ungeduld der Familie und die Manipulationsversuche des Leidenden

Eines haben wohl alle Eltern, Ehepartner oder Geschwister von Depressiven gemeinsam: die Ungeduld. Wann wird dieser Zustand endlich aufhören? Wie lange wird er oder sie brauchen, um aus diesem Tief herauszufinden?

Zunächst einmal ist es die Not des Betroffenen, die uns so ungeduldig macht. Wir fühlen uns so hilflos, wenn wir sehen, wie er sich abquält. Weshalb kann er nicht einfach neuen Mut fassen? Für Nicht-Depressive ist es schwer verständlich, daß der Depressive seinen Zustand nicht einfach abschütteln kann.

Wir sind aber auch ungeduldig wegen der Unannehmlichkeiten, die uns die neue Situation bereitet. Die tägliche Routine ist gestört. Der gewohnte Lebensstil hat sich verändert, da der Leidende möglicherweise sehr viel Zeit und Aufmerksamkeit fordert. Wenn wir dann merken, daß unsere Ermutigungsversuche nicht ankommen, sehnen wir uns nach einem normalen Leben zurück und sind enttäuscht, ja ärgerlich, daß kein Ende dieses Zustands abzusehen ist.

Für die Familie ist es aber auch wichtig zu erkennen, daß der Depressive dazu neigt, andere zu manipulieren: »Wenn er nur einsehen würde, wie schlimm es wirklich um mich steht, würde er die Entscheidung zurücknehmen, die mich so fertiggemacht hat. Und dann bin ich meine Depression los.« Solche Gedanken haben Depressive oft.

Ich bin davon überzeugt, daß viele ihren depressiven Zustand ausnutzen. Ein Ehemann benutzt zum Beispiel seine Depression, um die Scheidungsabsichten seiner Frau zu durchkreuzen. Er versucht, mit Hilfe seiner Krankheit Kontrolle über sie auszuüben.

Solche Erpressungsversuche mögen eine Weile funktionieren, doch irgendwann wird der Erpreßte seinem Ärger darüber Luft machen, worauf der Depressive noch tiefer in seinem dunklen Loch versinkt.

Angehörige müssen solche Manipulationstaktiken erkennen und sie freundlich, aber bestimmt zurückweisen. Wir helfen dem Kranken viel mehr, wenn wir uns nicht von der ungesunden Eigendynamik der Depression gefangennehmen lassen.

Wie kann die Familie dem Depressiven helfen?

Im folgenden möchte ich einige Anregungen geben, wie die Familie den Genesungsprozeß des Depressiven unterstützen kann.

1. Haben Sie viel Geduld! Und zwar sowohl im Blick auf die Person des Kranken wie auf die Dauer seiner Krankheit. Der Depressive kann seinen Zustand nicht einfach »abschütteln«. Bei seelischen Krankheiten ist die Genesung immer ein langsamer, mühseliger Prozeß mit vielen »Hochs und Tiefs«.

Eine Depression kann sich über Monate hinziehen. Ich erinnere mich noch gut an den langsamen Fortschritt meiner Frau Mary Ann. Eine Zeitlang sah es so aus, als sei sie auf dem Wege der Besserung, und wir waren sehr ermutigt. Doch dann wurde ihr Zustand wieder so schlimm, daß wir beide glaubten, sie würde nie wieder gesund werden. Dieser Prozeß zog sich über ein Jahr hin.

Die Familie des Depressiven muß sich klarmachen, daß nach Zeiten des Fortschritts auch immer wieder Rückschläge kommen. Doch wenn wir den Seelenzustand des Depressiven genau einschätzen könnten, würden wir erkennen, daß er nicht jedesmal so tief zurückfällt wie beim ersten Mal. Es ist vielmehr so, daß die wechselnden »Hochs und Tiefs« ihn allmählich auf eine höhere Stimmungslage bringen. Er befindet sich auf dem Wege der Besserung und wird irgendwann ganz von den Gefühlen frei sein, die ihm jetzt noch zusetzen.

2. Seien Sie bereit, zuzuhören, wenn der Depressive sich mitteilen will. Es ist allerdings entscheidend, *wie* man zuhört.

Wir dürfen den Depressiven nicht zum Sprechen zwingen. Er sollte nur reden, wenn er selbst das Bedürfnis dazu hat, und selbst bestimmen, wie lange das Gespräch dauert. Sonst kann es geschehen, daß er sich nicht ernstgenommen fühlt und glaubt, man wolle ihn bevormunden.

Erinnern wir uns an Dons Kommentar zu den Besuchen seiner Frau: »Es gab nur einen Menschen, der während der scheinbar endlosen Augenblicke, in denen nichts gesprochen wurde und auch keine Worte nötig waren, neben mir ausharren konnte.« Sie war eine gute Zuhörerin.

Wir müssen versuchen, uns in die Gedankenwelt des Depressiven einzufühlen und ihn zu verstehen. Er wird uns Dinge berichten, die für uns unsinnig klingen. Aber für ihn sind sie sehr real. Und er braucht das Gefühl, in seinem inneren Ringen angenommen zu sein.

Es ist jedoch nicht ratsam, sich selbst zum Therapeuten des Depressiven zu machen. Gute Ratschläge sind in der Regel wenig hilfreich, schon gar nicht in Form von »geistlichen« Sonderrezepten. Der Kranke ist ohnehin schon verwirrt und leidet unter Schuldgefühlen. Wir helfen ihm eher, wenn wir ihm das Gefühl vermitteln, daß wir ihm wirklich zuhören und ihn ernsthaft zu verstehen suchen.

Seien Sie ein guter Zuhörer! Begleiten Sie den Depressiven auf seinem Weg! Nehmen Sie Anteil an seiner Gefühlswelt! Aber denken Sie immer daran, daß er seine Probleme letztendlich selber aufarbeiten muß.

3. Behalten Sie Ihren normalen familiären Rhythmus bei, vorausgesetzt, er ist vernünftig und trägt nicht noch zur Krankheit bei. Nehmen Sie wie gewohnt Ihre Mahlzeiten ein, und halten Sie sich auch an die üblichen Aufsteh- und Schlafenszeiten. Planen Sie weiterhin gemeinsame Unternehmungen und gehen Sie Ihren gewohnten Freizeitbeschäftigungen nach. Lassen Sie den Depressiven – wenn er das will – zusammen mit der Familie an gesellschaftlichen Ereignissen teilnehmen.

Der Depressive neigt vielleicht dazu, viel zu schlafen, sich von den Mahlzeiten oder anderen familiären Zusammenkünften fernzuhalten. Normale Erwartungen seitens der Familie und vertraute Tagesabläufe ermutigen ihn, sich nicht auszuschließen. Eine stabile und normale häusliche Atmosphäre hilft sowohl ihm als auch den übrigen Familienmitgliedern.

4. Ermutigen Sie den Depressiven zu neuen Unternehmungen. Ermuntern Sie ihn, Dinge zu tun, die er schon immer tun wollte, für die er jedoch bisher nie Zeit fand.

Ich erinnere mich an einen Mann, der schon immer den Wunsch gehabt hatte zu segeln. Er erwarb ein kleines Boot, setzte es instand und segelte stundenlang in der Bucht umher. Diese sinnvoll ausgefüllte Zeit und der Aufenthalt in der freien Natur waren für ihn eine wichtige therapeutische Hilfe. Eine ähnliche Wirkung kann das Hobby Fotografieren haben. Es ist zeitaufwendig, schafft Kontakt zur Natur, schärft den Sinn für Schönheit und hält wertvolle Erinnerungen auch an diese schwere Zeit fest.

Die neue Tätigkeit des Depressiven sollte räumlich, zeitlich und finanziell im Rahmen des Machbaren liegen. Sie muß interessant sein und möglichst viel Abwechslung bieten. Aber sie darf die Fähigkeiten des Depressiven nicht übersteigen. Solche Tätigkeiten sind beispielsweise Gartenarbeit, Malen, Fotografieren oder sportliche Betätigungen wie Laufen oder Schwimmen.

5. Ich habe schon erwähnt, daß es wenig hilfreich ist, wenn Familienmitglieder sich als Therapeuten versuchen. Ich will das noch etwas näher begründen.

Wir möchten natürlich gerne herausfinden, »warum« der Depressive so geworden ist. Aber selbst wenn wir tatsächlich hinter die Ursache kämen, wem wäre damit gedient? Das Wissen um die Ursache einer Krankheit ist noch keine Garantie für ihre Heilung. Im Gegenteil, die meisten »therapeutischen Maßnahmen« des Laien erweisen sich als eher hinderlich.

Deshalb nochmals: Versuchen Sie sich nicht als Therapeut! Seien Sie vorsichtig mit guten Ratschlägen. Beschränken Sie sich darauf, dem Leidenden Mut zu machen, indem Sie ihn geduldig in seiner Dunkelheit begleiten. Lernen Sie, genau zuzuhören, seien Sie »ganz Ohr«!

6. Man sollte annehmen, daß die Familie eines schwer De-

pressiven Interesse an fachkundiger Hilfe hat. Das ist jedoch nicht immer der Fall. Viele Christen halten es für eine Schande, psychotherapeutische Hilfe in Anspruch zu nehmen. Der Psychotherapeut hat jedoch schlicht und einfach die Aufgabe, dem seelisch Kranken zu helfen, seine Gefühle und Gedanken aufzuarbeiten. Wir alle haben bei dem Gedanken an eine Therapie gemischte Gefühle oder gar Ängste. Im ersten Teil dieses Buches lesen wir von Dons Unsicherheit, die sich jedoch zu einer positiven Einstellung der Therapie gegenüber wandelte.

Gestatten Sie mir an dieser Stelle einige persönliche Worte an solche Leser, denen es noch an Mut fehlt, fachkundige Hilfe zu suchen.

Ich bin Psychotherapeut. Die Menschen, die zu mir in die Therapie kommen, sind eine ganz besondere Gruppe, wenn ich sie mit der übrigen Bevölkerung vergleiche. Woche für Woche verbringe ich den größten Teil des Tages mit ihnen. Ich höre ihnen zu und versuche, mit ihnen zu fühlen. In mancher Hinsicht habe ich Anteil an ihren inneren Kämpfen.

Diese Menschen sind alles andere als verrückt! Sie sind vielmehr Menschen, die innerlich weiterkommen und wachsen wollen. In der Therapie lernen sie, geistliche und psychologische Prinzipien anzuwenden, die ihnen dabei helfen. Sie schämen sich nicht, die Hilfe eines anderen anzunehmen, um freie und schöpferische Menschen zu werden. Eine solche Einstellung sucht man bei denen, die eine Therapie scheuen, oft vergeblich.

Diese Beobachtungen mögen dazu beitragen, die Vorurteile gegenüber Menschen, die sich psychotherapeutisch beraten lassen, abzubauen.

Sobald es offensichtlich ist, daß der Depressive nicht mehr allein mit seinem Zustand fertig wird, ist es an der Zeit, sich nach professioneller Hilfe umzusehen. Das gilt insbesondere, wenn sich der Zustand des Depressiven merklich verschlechtert: Routinearbeiten fallen ihm schwer, er kann sich zu nichts mehr aufraffen, seine Lebenseinstellung verdüstert sich. Ein Hinausschieben der Behandlung würde nur die Genesungszeit verlängern.

Richtlinien für die Suche nach einem Therapeuten

Ein Therapeut sollte eine solide Ausbildung aufweisen können. Das bedeutet in der Regel ein Studium mit Diplomabschluß oder Promotion, mit eventueller Zusatzausbildung zum Psychotherapeuten.

Ein Therapeut, der Christ ist, weiß – zusätzlich zu seinen Fachkenntnissen – um die einzigartige Stellung des Gläubigen als Kind Gottes. Ohne dieses Wissen wird ein Therapeut, der einen gläubigen Christen behandelt, an vielen Punkten nicht weiterkommen. Denn Probleme bei Christen können sowohl geistliche wie seelische Ursachen haben, und oft liegt eine Kombination von beiden vor.

Ein Therapeut, der das biblische Verständnis von Schuld – im Gegensatz zu Schuldgefühlen – nicht kennt, ist kaum in der Lage, einen Menschen helfend zu begleiten, der unter mangelnder Heilsgewißheit leidet. Lassen Sie mich das erklären: Schuld ist im theologischen Sinn objektiv vorhanden. Aber wir fühlen sie nicht. Schuld*gefühle* hingegen haben eher seelische Ursachen und sind subjektiv. Wenn jemand glaubt, daß er nicht mehr unter der Gnade Gottes steht, sobald ihn Schuldgefühle plagen, wird ihm eine gegenteilige Versicherung kaum etwas nützen. Die biblische Art jedoch, mit Schuldgefühlen umzugehen – nämlich Bekenntnis echter Schuld und Wiederherstellung der Gemeinschaft mit Gott –, wird ihm helfen, nach vorne zu blicken und sich nicht von Schuldgefühlen lähmen zu lassen.

Psychologie ohne Theologie ist ebenso nutzlos wie Theologie, die ohne jegliches Wissen um die Seele des Menschen rein schematisch angewandt wird. Der Therapeut, der einem Christen helfen will, muß über beides verfügen.

Der Therapeut sollte ein Mensch sein, zu dem man eine vertrauensvolle Beziehung aufbauen kann – sonst wird der Erfolg der Therapie gering sein. Oft geben zufriedene Patienten ihre positive Erfahrung mit einem bestimmten Therapeuten weiter.

Bei einer seelischen Störung mit körperlichen oder erblichen Ursachen wird man sich vielleicht besser an einen Psychiater wenden, der eine Spezialausbildung auf diesem Gebiet hinter sich hat. Ist das nicht möglich, sollte der Therapeut zumindest bereit sein, mit einem praktischen Arzt zusammenzuarbeiten.

7. Oft sind auch wohlverordnete *Medikamente* eine große Hilfe bei der Behandlung von Depressionen.

Don bekennt sich offen zu seiner Medikamenteneinnahme. In christlichen Kreisen gibt es jedoch viele Mißverständnisse und Ängste in bezug auf eine Behandlung mit Psychopharmaka. Ich bin kein praktischer Arzt. Als Psychologe würde ich diesen Christen jedoch nahelegen, ihre grundsätzliche Einstellung zur Behandlung mit Psychopharmaka noch einmal gründlich zu überdenken. Denn bei einigen Formen der Depression ist der Einsatz von Medikamenten die einzige Möglichkeit für den Kranken, ein einigermaßen normales Leben zu führen.

Nachdem ich in diesem Kapitel einige Anregungen gegeben habe, wie Angehörige dem Leidenden zur Seite stehen können, sollen im folgenden Kapitel Möglichkeiten zur Selbsthilfe aufgezeigt werden.

Selbsthilfe

Robert wälzte sich zur Seite und sah auf die Uhr. Zwei Uhr morgens! In den vergangenen Monaten war er jede Nacht um dieselbe Zeit aufgewacht. Er sah bereits den qualvollen Ablauf der nächsten vier Stunden vor sich. Er würde wach liegen, völlig zermürbt, da es ihm nicht gelingen würde, wieder einzuschlafen. Gleichzeitig fühlte er einen gewissen Trost: wenigstens war es nicht Tag – noch nicht. Und dann – pünktlich und grausam um sechs Uhr das Rasseln des Weckers! Er würde sich in die Decke wickeln und sich schlafend stellen, während Peggy aufstünde. Ein neuer Tag würde beginnen, mit neuen Anforderungen.

Aber bis dahin war noch Zeit. Er lauschte den gleichmäßigen Atemzügen seiner Frau. Er war froh, daß sie schlief, denn sie hatte ihm erzählt, daß sie oft selbst nachts wach lag und sich Sorgen machte.

Robert dachte über seinen Zustand nach. Er wußte, daß es keine Lösung war, einfach im Bett liegen zu bleiben, wenn er sich niedergedrückt fühlte. Oder sich vor seinen Freunden zu verstecken. Sein Verstand sagte ihm, daß es doch möglich sein müsse, selbst irgend etwas zu unternehmen, um die depressiven Gedanken zu vertreiben. Aber was?

Es gibt keine Patentrezepte gegen Depressionen. Die folgenden Hilfsmittel können jedoch dazu beitragen, den seelischen Druck zu lindern und den Zustand des Patienten erträglicher zu machen. In manchen Fällen tragen sie wesentlich zum Heilungsprozeß bei. Ihre Wirkung ist jedoch recht unterschiedlich, da seelische Krankheiten die unterschiedlichsten Ursachen haben und auch die Betroffenen selbst sehr unterschiedliche Persönlichkeitsstrukturen aufweisen.

130

Folgende Maßnahmen sind jedoch im allgemeinen gut geeignet, die seelische Verfassung zu verbessern:

1. Regelmäßige sportliche Betätigung.
2. Gesunde, ausgewogene Ernährung.
3. Hoffnung auf Besserung.
4. Einen Sinn in der Depression sehen.
5. Gefühle – besonders Ärger – bewußt empfinden und verarbeiten.

Sport

Zu mir kam ein Mann in die Therapie, der schon viele Monate an Depressionen litt. Ich ermutigte ihn, zusätzlich zu den psychotherapeutischen Sitzungen ein tägliches Lauftraining aufzunehmen. Sein Zustand war so besorgniserregend, daß er bereit war, alles zu versuchen. Innerhalb weniger Monate lief er fast sieben Kilometer pro Tag, und es hatte den Anschein, daß er sich förmlich aus seiner Depression »herausrannte«.

Im Zustand der Depression regelmäßig Sport zu treiben, fällt einem Depressiven unglaublich schwer, da er ja wenig Antriebskraft und Energie hat. Schlafen oder Nichtstun ist sehr viel verlockender. Für denjenigen jedoch, der die Kraft zum Durchhalten hat, kann der Sport zu einem der wirksamsten Mittel der Selbsthilfe werden.

Viele Psychologen glauben, daß sportliche Betätigung, die den Kreislauf anregt und den Herzschlag auf mindestens 130 Schläge pro Minute erhöht, natürliche Abwehrkräfte gegen Depressionen aktiviert. Mit der Zeit wirkt sich die bessere körperliche Verfassung auch positiv auf das Selbstbewußtsein aus.

Der gewählte Sport darf also ruhig ein wenig anstrengend sein, etwa Joggen, Radfahren oder Schwimmen. Die Übungen wirken sich besonders positiv aus, wenn sie täglich absolviert werden. Auch der Kontakt mit der Natur beim Laufen oder Radfahren außerhalb der Stadt hat therapeutische Wirkung.

Eine solche sportliche Betätigung wird oft den Zustand des Depressiven bald merklich verbessern, doch kommt ihre volle Wirkung erst dann zum Tragen, wenn der Sport in den gesamten Lebensstil des Menschen integriert wird.

Ernährung

Eine ausgewogene Ernährung ist ein weiteres Mittel der Selbsthilfe. Unsere Mahlzeiten sollten viel frisches Obst und Gemüse sowie Vollkornprodukte enthalten. Dies begünstigt einen gesunden Stoffwechsel. Ein übermäßiger Fleisch- und Zuckerkonsum sollte vermieden werden. Manche Fachleute glauben, daß es einen Zusammenhang zwischen unserer Ernährung und unserer seelischen Gesundheit gibt. Es ist jedoch nicht Aufgabe dieses Buches, diesen Zusammenhang näher zu untersuchen. Wenden Sie sich bei Fragen zu diesem Thema an einen Arzt oder Diätfachmann.

Hoffnung auf Besserung

Es ist nicht gerade einfach, im Zustand der Depression bewußt zu hoffen. Hoffnung aber hat eine positive Wirkung auf den Heilungsprozeß. Verzweiflung und Hoffnungslosigkeit dagegen verschlechtern den Zustand des Depressiven und bringen ihn dahin, sich selbst aufzugeben.

»Es wird Ihnen wieder besser gehen!« – diese ermutigende Aussage eines Therapeuten war das Rettungsseil, an dem sich Don hartnäckig festklammerte. Es ist für den Depressiven überaus wichtig, eine positive Lebenseinstellung zu gewinnen und die Hoffnung nicht fallenzulassen. Diese Hoffnung ist nicht unbegründet, da die meisten Menschen irgendwann aus ihrem Tief herausfinden – mit oder ohne therapeutische Hilfe.

Der Psychologe Eysenck fand schon vor einiger Zeit heraus, daß sich der Zustand vieler seelisch Kranker ohne Hilfe von außen bessert. Welch ein hilfreicher und hoffnungsvoller Gedanke! Auch ich bin der Ansicht, daß in jedem Menschen regenerierende Kräfte wirken, die nach Heilung und Gesundung streben. Das gilt insbesondere für die Menschen, in denen der Geist Gottes wohnt.

Kein Arzt oder Psychotherapeut kann einen Menschen heilen. Wir schaffen nur die Bedingungen, unter denen ein Heilungsprozeß auf natürliche Weise in Gang kommt. Dazu gehört, daß sich der Therapeut dem Leidenden widmet, Zeit für ihn hat, ihn annimmt, sich in ihn einfühlt und eine offene Atmosphäre schafft. Aber er selbst kann nicht heilen.

Doch im Verlauf der Therapie entsteht Hoffnung. Bei manchen Depressiven würde die ersehnte Besserung niemals ohne fremde Hilfe eintreten. (Eysencks Untersuchungen ergaben auch, daß nur ein Teil der Befragten ohne therapeutische Hilfe weiterkam.)

In der Therapie lernen wir, unseren Lebensstil und unsere Denkmuster so zu verändern, daß unser Leben wieder sinnvoll wird. Indem wir tiefere Einsichten über uns selbst gewinnen, machen wir einen Reifeprozeß durch und lernen, besser mit belastenden Situationen umzugehen. Diese Erkenntnisse und positive Schritte stärken unsere Hoffnung, bis wir schließlich in der Lage sind, den Teufelskreis der Depression zu durchbrechen.

Umgekehrt gilt aber auch, daß die Hoffnung den Heilungsprozeß und die therapeutische Erfahrung unterstützen muß. Die Therapie ist ein langer Prozeß. In kleinen Schritten bauen wir ganz allmählich neue Kräfte auf und lernen, uns selbst besser zu verstehen. Mangel an sichtbarem Fortschritt kann unsere Entschlossenheit dämpfen und Verzweiflung aufkommen lassen. Hier lehrt uns die Hoffnung, nicht die Geduld mit uns selbst zu verlieren. Noch wichtiger ist die Hoffnung, wenn es darum geht, die schmerzvolle Erfahrung vergangener und gegenwärtiger Depressionen aufzuarbeiten – ein notwendiger Teil des Heilungsprozesses. Deshalb denken Sie immer daran: »Es wird Ihnen wieder besser gehen!«

Einen Sinn in der Depression sehen

Ich erinnere mich gut, wie Don und ich im Verlauf seiner Therapie über eine bestimmte Vorstellung nachdachten: In einem Buch, das wir beide gelesen hatten, waren wir auf den Begriff des »fruchtbaren Moments« gestoßen, der Augenblick, in dem ein Ereignis oder eine Kombination von Ereignissen für uns in besonderer Weise bedeutsam wird. Jede Erfahrung, die wir im Leben machen, hat eine Bedeutung für uns. Das gilt besonders für Christen.

Wenn wir depressiv, ängstlich oder sonstwie seelisch aus dem Gleichgewicht geraten sind, gilt es, die Gelegenheit zu nutzen, um mehr über uns selbst zu erfahren. Wenn uns das gelingt, kann das Durchleben einer seelischen Krise zu einer wertvollen Zeit werden, in der wir erfahren, wie Gott an uns handelt.

Jedes Ereignis, das uns begegnet, jede Erfahrung, die wir machen, kann für uns »fruchtbar« werden, und zwar nicht nur für dieses Leben, sondern für die Ewigkeit. Wir erfahren uns in unserer Schwachheit und erkennen, daß wir Gott brauchen. Wir lernen, die Leiden anderer besser zu verstehen. Aber wir entdecken vielleicht auch, daß wir ungeahnte Stärken und Kräfte besitzen.

Gefühle – besonders Ärger – bewußt empfinden und verarbeiten

Normalerweise ist es nicht nötig, im Zustand der Depression nach unseren Gefühlen zu forschen. Sie sind da und uns nur zu schmerzlich bewußt. Mit einer Ausnahme: dem Ärger oder Zorn. Ihn richtet der Depressive häufig nach innen, er wird »heruntergeschluckt«, wie es in der Umgangssprache heißt, d. h., er wird verdrängt.

Doch welche Erleichterung und Befreiung, wenn wir es uns endlich gestatten, uns unseren Ärger offen einzugestehen, ihn bewußt zu empfinden, und so lernen, weniger selbstzerstörerisch mit ihm umzugehen! Ärger, der bewußt empfunden wird, richtet sich nicht mehr gegen uns selbst. Diese Erfahrung wird die Schwermut ein wenig aufhellen. Es ist nämlich nicht leicht, gleichzeitig depressiv und zornig zu sein.

Lassen Sie mich das verdeutlichen: Zurückweisung durch einen nahestehenden Menschen führt häufig zu einer reaktiven Depression, indem wir den Ärger über diese Enttäuschung herunterschlucken, ihn gegen uns selber richten und uns als Folge davon minderwertig fühlen. Demgegenüber gilt es, den Ärger bewußt an uns herankommen zu lassen und uns einzugestehen: »Ich habe mich wirklich sehr geärgert!« Wir brauchen den, der uns verletzt hat, deswegen diesen Ärger nicht spüren zu lassen. Aber wir müssen lernen, den Zorn bewußt zu verarbeiten, anstatt ihn nach innen zu richten.

Diese Anregungen sind natürlich kein Allheilmittel gegen Depressionen, noch sind sie Ersatz für eine Therapie. Sie können jedoch entscheidend zum Heilungsprozeß des Depressiven beitragen.

Erziehung – Hilfe und Vorbeugung gegen Depression

Etwa die Hälfte der Menschen, die wegen Depressionen zu mir in die Beratung kommen, haben noch nicht das dreißigste Lebensjahr erreicht.

Man sollte annehmen, daß die Zeit der Kindheit und Jugend weniger problembeladen ist, als es die mittleren Jahre und das Alter sind. Doch dem ist offenbar nicht so. Die gegenwärtige Generation der jungen Erwachsenen wird bezeichnenderweise oft die *Generation der Depressiven* genannt.

Im folgenden möchte ich einige Erziehungsmethoden aufzeigen, die verhindern können, daß auch die nächste Generation die Depression zu ihrem Lebensstil macht.

Anerzogene Hilflosigkeit

Seligman hat einen relativ neuen Weg eingeschlagen, um der Dynamik der Depression auf die Spur zu kommen. Er spricht von der »anerzogenen Hilflosigkeit«.

Der Begriff »Hilflosigkeit« beschreibt exakt den Zustand, den wir als »Depression« kennen: Ein Mensch hat das Gefühl, daß er selbst und seine Handlungen eigentlich völlig wertlos sind. Also gibt er alle eigenen Bemühungen auf, wird hilflos und depressiv. Erst wenn er neu die Erfahrung macht, daß seine Anstrengungen tatsächlich etwas bewirken, wird die Schwermut von ihm weichen.

Es ist sicher auch zum Teil die Schuld meiner Generation, daß die jetzige Generation depressive Charakterzüge aufweist. Vielleicht haben wir ihnen zu viele Steine aus dem Weg geräumt und sie so zur Hilflosigkeit erzogen.

Wir persönlich erinnern uns wahrscheinlich nur zu gut an die wirtschaftlich schwierigen dreißiger Jahre oder an die Zeit nach dem Krieg, als wir und unsere Familien uns abmühen mußten, damit wir genug zu essen und ein Dach über dem Kopf hatten. Als wir dann später selbst eine Familie gründeten, wollten wir alles tun, um unseren Kindern solche Mühen zu ersparen. Wir gaben ihnen alles, was sie brauchten und sich wünschten, ohne daß sie nur einen Finger krumm machen mußten – und brachten sie so um die Erfahrung, durch eigene Bemühungen etwas erreichen zu können.

Wir dagegen waren noch ganz anders erzogen worden. Wir arbeiteten hart, erreichten aber auch etwas durch unsere Arbeit. Ich selbst zum Beispiel mußte von meinem sechzehnten Lebensjahr an ganz allein für meinen Lebensunterhalt und meine Ausbildung aufkommen. Die letzte Geldzuwendung, die ich von meiner Familie erhielt, war ein Hochzeitsgeschenk von hundert Dollar.

Ich war für die Finanzierung meines Studiums und meiner Berufsausbildung selbst verantwortlich. Ich habe jedes Auto, das ich einmal gefahren, jedes Haus, in dem ich gewohnt habe, jeden Anzug und jede Ferienreise selbst bezahlt. Mein Leben war keineswegs leicht, aber ich habe erfahren, daß meine Bemühungen zu etwas führten. Ich habe Kraft und Zeit investiert und dafür auch etwas erhalten.

Doch ich habe mich oft nach Hilfe und Unterstützung gesehnt. Daher habe ich versucht, meinen Kindern den Weg zu ebnen. Aber vielleicht tun wir unseren Kindern gerade keinen guten Dienst, wenn wir ihnen alles so leicht machen. Wenn sie sich bemühen und als Folge ihrer Anstrengung etwas erreichen, machen sie die Erfahrung, daß zwischen Bemühen und Erfolg ein Zusammenhang besteht, daß ihre Anstrengungen Sinn haben. Wir Eltern haben es also zu einem großen Teil in der Hand, ob unsere Kinder hilflos und unselbständig und damit anfällig für Depressionen werden.

Nach innen gerichteter Ärger

Bei einem Verlusterlebnis kommt es oft zu einer reaktiven Depression, wobei sich der Ärger über diesen Verlust nach innen richtet, auf die eigene Person zielt. Als Ergebnis fühlen wir uns niedergeschlagen, ähnlich wie wenn ein anderer seinen Zorn an uns ausläßt – nur daß in diesem Fall »der andere« wir selbst sind.

Den Ärger nach innen zu richten, ist ein Verhaltensmuster, das wir häufig unseren Kindern vorleben. Gerade als Christen neigen wir dazu, Ruhe und Gelassenheit überzubewerten, wir wollen »Frieden um jeden Preis« und betrachten schon die leiseste Regung von Ärger als Sünde. Viele versuchen alles, was in ihrer Macht steht, um nur ja nicht ärgerlich zu werden oder gar den Ärger nach außen zu zeigen.

An diesem Vorbild lernen unsere Kinder dann, auf Gefühle des Ärgers mit Abwehrmechanismen zu reagieren: mit Verdrängung (wir unterdrücken unsere Regungen) oder Leugnen (»Wer? Ich? Ich bin doch nicht wütend!«). So tragen wir unter Umständen dazu bei, daß unsere Kinder eines Tages depressiv werden.

Das Gefühl des Ärgers an sich ist keine Sünde. Wir müssen jedoch lernen, Ärger zu empfinden, ohne aggressiv zu werden. Wir müssen uns unseren Ärger eingestehen und versuchen, die auslösende Situation zu bewältigen, ohne an anderen schuldig zu werden. Auf diese Weise sind wir ein Vorbild für unsere Kinder. Sie können von uns lernen, sich ihren Ärger einzugestehen, um ihn so bewußt und sinnvoll zu verarbeiten.

Wenn zum Beispiel Vater auf Mutter wütend ist, weil das Essen regelmäßig zu spät auf den Tisch kommt, sollte er zu diesem Gefühl stehen und ihr ruhig sagen: »Es ärgert mich, daß ich meinen Arbeitsplan nicht einhalten kann, weil wir nie pünktlich essen. Ich verstehe nicht, weshalb das jeden Abend so laufen muß. Meinst du nicht, daß du mir an diesem Punkt helfen könntest?«

Oder Mutter ärgert sich über Vater, weil er seine Sachen überall herumliegen läßt. Auch sie erlaubt sich, ärgerlich zu werden, und sagt vielleicht: »Ich verbringe jeden Tag einen Großteil meiner Zeit damit, das Haus in Ordnung zu halten.

Ich bin wütend, wenn ich hinter dir immer alles mögliche wieder aufräumen muß. Ich verliere soviel Zeit dadurch. Kannst du mich nicht ein wenig unterstützen?«

In beiden Fällen gestatten sich die Eltern, Ärger zu empfinden. Sie beschreiben dem Partner ihre Gefühle, ohne ihn persönlich anzugreifen, und bitten ihn um Hilfe. Solche Verhaltensweise prägt sich Kindern unbewußt ein, und sie werden lernen, sich ebenso zu verhalten.

Angemessene und konsequente Erziehungsmethoden

Es ist sehr wichtig, einen realistischen, angemessenen und konsequenten Erziehungsstil durchzuhalten, wenn wir wollen, daß aus unseren Kindern optimistische und glückliche Erwachsene werden.

Mit »realistisch« meine ich Erziehungsmaßnahmen, die in Beziehung zum Fehlverhalten des Kindes stehen. »Angemessen« heißt, daß die Erziehungsmaßnahme in einem vernünftigen Verhältnis zum Fehlverhalten steht. »Konsequent« bedeutet, daß das Kind wissen muß, woran es ist und was es zu erwarten hat, wenn es ein bestimmtes Fehlverhalten an den Tag legt.

Wenn wir uns nicht um eine realistische und konsequente Erziehung unserer Kinder bemühen, schaffen wir den Nährboden für einen depressiven Lebensstil. Erinnern wir uns an Seligmans Theorie: Wenn wir auf das Fehlverhalten unserer Kinder angemessen reagieren, vermitteln wir ihnen das Gefühl, daß ihr Verhalten Folgen hat.

Eine Erziehungsmaßnahme darf allerdings nicht in rohe Gewaltanwendung ausarten. Wenn wir an diesem Punkt nicht maßvoll sind, können wir dem Kind nicht nur körperliche, sondern vor allem seelische Schäden zufügen.

Nehmen wir uns ein Beispiel am Handeln Gottes. Die Bibel lehrt uns, daß Gottes Zucht stets mit der Gnade einhergeht. Er handelt nicht an uns, wie wir es verdienen. Seine Reaktionen auf unser Verhalten zielen auf unsere Erziehung und Besserung, nicht auf Bestrafung. Der Unterschied zwischen Erziehungsmaßnahme und Bestrafung besteht darin, daß erstere wohlüberlegt ist und stets einen Zweck verfolgt, nämlich unsere positive Entwicklung, während Strafe oft in ein Abreagieren von Wut entartet. Wir als Eltern müssen uns fragen, ob wir wirklich erziehen oder nur bestrafen.

Vor kurzem hörte ich von einem Vater, der außer sich war, weil sein kleiner Sohn ins Bett gemacht hatte. In seinem Zorn wickelte er den Kopf des Kindes in das nasse Laken und hielt seinen Sohn kopfüber in die Toilette. So etwas hat mit Erziehung nichts zu tun, sondern ist Kindesmißhandlung! Solche »Erziehungsmethoden« sind mit Sicherheit Wegbereiter für einen späteren depressiven Lebensstil. Das Kind wird sich ungeliebt und wertlos fühlen, denn durch eine solche Behandlung wurde es in seiner Menschenwürde verletzt. Wie also können wir dem Kind ein angemessenes Gefühl für die Folgen seines Handelns vermitteln?

Rudolph Dreikurs' Modell der logischen Konsequenzen kann uns hier eine Hilfe sein. Wir überlegen uns als Eltern vernünftige Konsequenzen für ein bestimmtes Fehlverhalten des Kindes und machen dem Kind liebevoll, aber deutlich klar, was geschieht, wenn dieses Fehlverhalten wieder vorkommt. Die Konsequenzen müssen in einem direkten Zusammenhang zu dem Fehlverhalten des Kindes stehen und dann auch wirklich durchgeführt werden.

Der fünfjährige Johnny hat es sich zur Gewohnheit gemacht, den Abendbrottisch zu verlassen, sobald der Vater das Tischgebet gesprochen hat. Er beginnt, auf dem Boden zu spielen, und alle Überredungskünste bringen ihn nicht dazu, wieder auf seinen Platz zurückzukehren. Kurz bevor die Familie die Mahlzeit beendet, setzt Johnny sich wieder an den Tisch und ißt langsam seinen Teller leer. Das Essen kann nie gemeinsam beendet werden, und die ganze Familie ärgert sich über Johnny.

Meist wird dieses Problem zu lösen versucht, indem man dem Kind Schläge androht. In Wahrheit verstärkt eine solche Reaktion jedoch sein Verhalten (mit dem es ja Aufmerksamkeit auf sich ziehen will), und das Kind gewinnt den Eindruck, daß seine Umwelt feindselig und grausam ist.

Ein vernünftiges und konsequentes Verhalten könnte in diesem Fall folgendermaßen aussehen: Vater oder Mutter kniet sich zu dem Kind nieder, sieht ihm in die Augen und redet ganz sachlich und ohne Zorn mit dem Jungen: »Johnny, wir möchten gern, daß du mit uns gemeinsam ißt. Wenn du das aber nicht willst, zwingen wir dich nicht dazu. Wenn du aber heute abend nicht mit uns ißt, mußt du bis zum Frühstück warten, bis du wieder etwas zu essen bekommst. Es gibt auch keine Gutenacht-Geschichte mehr. Du mußt dich selbst entscheiden.«

Wenn nun Johnny den Tisch verläßt, lassen Sie ihn gehen. Aber er wird bis zum Morgen nichts zu essen bekommen, mag er auch noch so sehr quengeln und weinen. Verhungern wird er nicht. Aber aller Wahrscheinlichkeit nach wird er bei der nächsten Mahlzeit am Tisch sitzen bleiben.

Die Prinzipien, die diesem Beispiel zugrunde liegen, können bei jedem Fehlverhalten des Kindes angewandt werden. Halten wir noch einmal fest: Die Konsequenz, nämlich, daß das Kind bis zur nächsten Mahlzeit nichts zu essen bekommt, steht in einem direkten Zusammenhang zu seinem Fehlverhalten, dem Verlassen der Tischrunde. Die Erziehungsmaßnahme wurde konsequent durchgeführt. Johnny durfte nicht mehr zum Tisch zurückkommen.

Johnny wußte genau, was man von ihm erwartete, und es lag durchaus in seinem Vermögen, sich darauf einzurichten. Und man hatte ihn klar und deutlich auf die Folgen seines Verhaltens hingewiesen.

Durch konsequente und vernünftige Erziehungsmaßnahmen – im Gegensatz zu emotionaler und inkonsequenter Bestrafung – helfen wir unseren Kindern, sich seelisch gesund zu entwickeln. Sie sollen genau wissen, was von ihnen erwartet wird, und lernen, die Folgen ihrer Handlungsweise zu tragen.

Kinder dürfen unvollkommen sein

Die Fremonts wollen, daß es ihrem Sohn Glenn einmal gutgeht und er Erfolg im Leben hat. Selbst anspruchsvoll und perfektionistisch, erziehen sie den Jungen so, daß er sich hohe Leistungen abverlangt, sich stets bemüht, nicht zu versagen und selbst bei Intelligenztests besser abschneidet als die meisten seiner Altersgenossen. Glenn ist auf dem besten Wege, ein erfolgreicher und glücklicher Erwachsener zu werden. Oder?

Jüngste Forschungen zeigen, daß es gerade Kinder wie Glenn sind, die die größten seelischen Probleme entwickeln.

Wenn wir unseren Kindern eintrichtern, daß sie nie versagen dürfen, daß nur Höchstleistungen gefragt sind, legen wir den Grund für einen depressiven Lebensstil. Solche Kinder werden zu menschlich verkümmerten, nervösen, perfektionistischen Erwachsenen.

Wir müssen unsere Kinder auch in ihrem Versagen annehmen und ihnen helfen, solche Erfahrungen als wertvoll für ihre Gesamtentwicklung zu sehen. Wir müssen ihnen zeigen, daß unsere Liebe zu ihnen beständig und bedingungslos ist. Wir müssen ihnen auch helfen, Versagensängste abzubauen, damit sie frei werden, schöpferisch zu handeln und ihr Bestes zu geben.

Ein Junge, der Interesse an Autos hat, sollte die Möglichkeit bekommen, an alten Autos herumzubasteln. Vielleicht wird er einmal Kraftfahrzeugmechaniker.

Ein Mädchen, das logisch denken kann, gern diskutiert und sich auch vor öffentlichen Auftritten nicht scheut, sollte man unterstützen, wenn es einer Theatergruppe beitritt, eine Gesprächsgruppe leitet oder sich politisch engagiert. Vielleicht wird aus ihr einmal eine Anwältin.

Wenn die Eltern bei ihrem Kind bestimmte Talente entdekken, aber gleich Vollkommenheit verlangen, machen sie es dem Kind leicht unmöglich, mit der Materie zwanglos vertraut zu werden und sein Interesse weiterzuentwickeln.

»Gewöhne einen Knaben an seinen Weg, so läßt er auch nicht davon, wenn er alt wird«, heißt es in Sprüche 22,6. Deshalb gilt es, die Zukunft unserer Kinder auf gesunde und stabile seelische Grundlagen zu stellen.

Hilfe durch einen veränderten Lebensstil

Eines Tages kam ein Mann in meine Praxis, den Kopf gesenkt, mit hängenden Schultern und das Gesicht zur Grimasse verzerrt. Er war ein Bild des Jammers, blind und taub für jegliche Ermutigung. Wir hatten schon früher über seine Depressionen gesprochen, aber er verschloß sich allen Vorschlägen, seine negative Lebenseinstellung zu verändern. Er kam, um zu reden, war aber nicht bereit, sich zu ändern.

Überzeugt, das Opfer eines depressiven Lebensstils zu sein, der tief in seiner Familie und seiner Persönlichkeit verankert sei, sah dieser Mann voller Pessimismus auf die vor ihm liegenden Jahre. Er konnte sich nicht vorstellen, daß er seine Depression je loswerden würde.

Viele, die das erste Mal zu mir kommen, beschreiben sich selbst als depressiv. Sie nehmen Platz, rutschen ein wenig verlegen auf dem Stuhl herum und bekennen dann: »Ich bin ein Melancholiker.« Wir lernen ja schon früh, uns selbst in eine bestimmte Kategorie einzuordnen. Solche Vorstellungen helfen uns, Informationen über unsere Person in ein starres System zu bringen. Aber müssen wir uns wirklich so »einmauern«? Sind wir dazu verdammt, ein Leben in Düsternis und Schwermut zu führen? Oder ist es möglich, einen solchen Lebensstil zu ändern und unseren Zustand zu verbessern?

Diese Frage möchte ich mit einem eindeutigen »Ja« beantworten. Wir Menschen sind fortschrittsorientierte, dynamische Wesen. Es ist durchaus möglich, die Fesseln eines negativen Lebensstils abzustreifen und endlich frei zu werden. Stellen wir uns dazu jedoch erst einmal die Frage:

Was ist ein Lebensstil?

Der Begriff »Lebensstil« wurde von dem bekannten Begründer der Individualpsychologie, Alfred Adler, geprägt. Lebensstil kann definiert werden als »das einzigartige und charakteristische Beziehungsmuster eines Menschen zu seiner Umwelt«, das heißt, die Art, wie der Mensch auf tägliche Ereignisse reagiert und damit umgeht und wie er mit seinen Problemen fertig wird.

Jeder Mensch entwickelt seinen ihm eigenen, unverwechselbaren Lebensstil.

Der Lebensstil hat auch eine zentrale Bedeutung im Hinblick auf seelische Erkrankungen. Obwohl bestimmte Formen seelischer Krankheiten durch Veranlagung begünstigt werden, ist kein Mensch dazu verurteilt, sein Leben lang depressiv zu bleiben. Unsere Umwelt, unser Lebensstil und andere Faktoren spielen eine wichtige Rolle für unseren seelischen Zustand.

In diesem Kapitel wollen wir uns mit den Kennzeichen eines gesunden Lebensstils befassen.

Vielleicht haben wir das Gefühl, daß unser Leben bisher von Düsterkeit und Schwermut überschattet war. Aber es ist auch uns möglich, Freude und Glück zu erleben. Auch wir können am Morgen erfrischt aufwachen und freudige Erregung angesichts des vor uns liegenden Tages empfinden. Aber damit wir so empfinden können, ist es notwendig, daß wir unseren Lebensstil ändern, das heißt, daß wir die Art, wie wir mit der Welt, in der wir leben, umgehen, neu überdenken.

Ich habe jahrelang meinen eigenen Lebensstil und den meiner Patienten beobachtet und von daher Merkmale eines gesunden Lebensstils herausgearbeitet, von denen ich hier die wichtigsten aufzeigen möchte.

1. Ein verbindliches Engagement.
2. Eine angemessene Lebensphilosophie.
3. Die Bereitschaft, sich in seinem Menschsein anzunehmen.
4. Eine innere Ausrichtung.
5. Die Bereitschaft, sich selbst als Original zu erkennen.
6. Die Grundmuster christlicher Freiheit einüben.

Verbindliches Engagement

Der entscheidende Faktor unseres persönlichen Lebensstils ist die Art unseres Engagements, d. h. unseres Einsatzes für eine bestimmte Sache oder Person, an die wir unser Leben gebunden haben. Gesunde, seelisch stabile Menschen müssen sich für eine Sache einsetzen, die sinn- und wertvoll ist.

Dieses Engagement weist vier wichtige Eigenschaften auf:

Zunächst einmal muß unser Engagement ein *Ziel*, eine Richtung haben. Unser Einsatz gilt einer Person, einer Sache oder einer Idee, der wir unsere Kraft und Zeit widmen.

Der zweite Aspekt ist die völlige *Hingabe* an dieses Ziel. Hingabe bedeutet, daß sich ein Mensch weder von Gefahr und Enttäuschung noch durch irgendwelche anderen Hindernisse von seinem Ziel abbringen läßt. Er gibt nicht auf, wenn Schwierigkeiten und Probleme auftauchen. Hingabe heißt, niemals von dem einmal gesteckten Ziel ablassen, sich immer wieder darum bemühen und bis zum Ende durchhalten.

Unser Engagement dient auch dazu, unser Leben *zu gestalten und zu ordnen*. Der Einsatz für ein Ziel hält die verschiedenen Bereiche unseres Lebens zusammen, er bewahrt uns davor, uns aufzuspalten und zu »verzetteln«.

Schließlich führt der Einsatz für ein Ziel zu einem *angemessenen Verhalten* diesem Ziel gegenüber. Unser Engagement weckt Verantwortungsbewußtsein, Liebe und andere positive Gefühle.

Ohne Engagement könnten wir in der Tat depressiv werden. Die Art und Zielrichtung unseres Engagements jedoch entscheidet darüber, ob wir uns wirklich zu seelisch gesunden Menschen entwickeln. Die Autoren dieses Buches glauben, daß unser höchster Einsatz der Person Jesu Christi gelten sollte.

Eine angemessene Lebensphilosophie

Eine positive Lebensphilosophie ist ein weiteres Merkmal eines gesunden Lebensstils.

Wäre unser Leben nichts weiter als ein kurzes, sinnloses

Gastspiel auf dieser Erde, die Suche nach einer Lebensphilosophie wäre völlig absurd. Aber das Leben ist mehr! Es hat eine Richtung, es bewegt sich auf die Ewigkeit zu. Jedoch sind Nöte, Konflikte und Verluste Teile dieses Lebens. Wir sind keine Eintagsfliegen, deren Leben so kurz und einfach ist, daß sie noch nicht einmal Organe zur Nahrungsaufnahme benötigen. Unser Leben ist ungemein vielschichtig, und daher brauchen wir eine angemessene Lebensphilosophie.

Eine Lebensphilosophie muß drei grundlegende Fragen beantworten können: »Was ist real? Was ist wahr? Was ist gut?« Diese Fragen muß jeder Mensch für sich klären.

Zunächst einmal die Frage: Was ist real?

Wir wissen um zwei Realitäten: die sichtbare und die unsichtbare. Für viele ist das, was wir mit unseren Sinnen erfassen – Bilder, Geräusche, Gerüche, Geschmack –, die einzige Realität, die Realität der materiellen Welt, in der wir leben.

Andere glauben jedoch auch an eine unsichtbare Wirklichkeit. Wir haben Gott, der Geist ist, nie gesehen, und doch wissen wir als Christen um seine Realität. Wir glauben an eine unsichtbare Welt, die von geistigen, unkörperlichen Kräften bestimmt wird.

Der zweite Teil unserer Frage lautet: Was ist Wahrheit? Woher kommt sie? Wie offenbart sie sich uns? Können wir sie in der Natur erkennen? Wie steht es mit der Heiligen Schrift und ihrem Anspruch auf Wahrheit? Gibt es noch andere schriftlich offenbarte Quellen der Wahrheit, wie die hinduistischen Veden oder der islamische Koran? Können wir uns selbst Wahrheit schaffen? Ist sie relativ oder absolut – oder vielleicht beides?

Der dritte Aspekt unserer Lebensphilosophie ist die Überlegung, was für uns im Leben wichtig ist.

Was ist in unseren Augen wertvoll? Was ist gut? Was ist das Allerwichtigste? Wonach streben wir? Für manche liegt die Antwort im materiellen Reichtum. Für andere ist die Gründung einer Familie und die Erziehung von Kindern das höchste Ziel im Leben. Für einen Christen ist es das Allerwichtigste, sein Leben auf Jesus Christus auszurichten. Was immer wir wertschätzen oder für wichtig halten, wird uns zur Antwort auf die Frage: Was ist gut?

Wie gut oder schlecht wir mit uns selbst und unserer Welt

fertigwerden, hängt von der Qualität unserer Lebensphilosophie ab. Wenn unser ganzes Streben nur auf materielle Dinge gerichtet ist, werden wir am Unsichtbaren und Ewigen vorbeigehen. Wer nur seine eigene Wahrheit gelten läßt und glaubt, daß Wahrheit relativ ist, wird letztendlich im Verderben enden. Unabhängig von der göttlichen Offenbarung vermag der Mensch eben nicht zwischen gut und böse zu unterscheiden. Auch ist nicht alles, wofür ich mich einsetze, den Einsatz wirklich wert.

Eine unangemessene Lebensphilosophie kann zur Ursache für Depressionen und andere seelische Störungen werden. Auf der anderen Seite können gesunde Maßstäbe und Richtlinien, die in einer persönlichen Beziehung zu Gott verankert sind, den Weg zur seelischen Gesundheit weisen.

Versuchen Sie einmal, Ihre Lebensphilosophie in ein System zu bringen. Stellen Sie sich die Frage: Was ist für mich real, wahr und gut? Vielleicht merken Sie, daß Ihre Antworten Sie nicht befriedigen und Sie Ihre Lebenseinstellung ganz neu überdenken sollten.

Die Bereitschaft, sich in seinem Menschsein anzunehmen

Christen haben oft die Gleichung aufgestellt: Mensch sein heißt böse sein, oder zumindest schwach. Menschsein heißt, Teil der gefallenen Schöpfung sein. Wenn wir daher unser Menschsein verleugnen, verneinen wir etwas, was es ohnehin zu bekämpfen gilt.

Solch eine Verleugnung läßt jedoch keinen Raum für eine positive Persönlichkeitsentwicklung. Wir schließen damit von vornherein wesentliche Aspekte aus, die dem menschlichen Leben Sinn verleihen.

Menschsein ist das, was für uns natürlich ist. Es ist natürlich, Hunger zu haben, zu lachen, zu weinen, Gefühle zu empfinden. Zum Menschsein gehören auch die Sexualität und der Selbsterhaltungstrieb. Es ist menschlich, schwach zu sein und alt zu werden. Es ist menschlich, Fehler zu machen. Bei manchen Christen rufen diese Eigenschaften Angstgefühle hervor, und sie versuchen, sie aus ihrem Leben zu verdrängen.

Für ein gesundes Seelenleben ist es jedoch entscheidend, daß wir uns als wahrhaft menschlich erkennen und auch dazu stehen! Väter haben nicht immer recht, Mütter machen Erziehungsfehler, Geschäftsleute treffen auch Fehlentscheidungen, Pastoren halten hin und wieder mittelmäßige Predigten und sind oft zu erschöpft, um ihre Arbeit so zu tun, wie sie eigentlich möchten.

Wenn wir den Mut haben, der Mensch zu sein, der wir wirklich sind, werden wir nicht mehr so stark von Schuldgefühlen geplagt und geraten weniger in Gefahr, depressiv zu werden. Wir dürfen ohne Angst ganz wir selbst sein! Wenn wir beginnen, menschlich zu leben, schaffen wir die Voraussetzung für das vierte Merkmal eines gesunden Lebensstils – eine innere Ausrichtung.

Eine innere Ausrichtung

Zu einem gesunden Lebensstil gehört, daß wir unsere eigenen Entscheidungen treffen und die Verantwortung dafür übernehmen.

Wenn wir nur das tun, was andere von uns erwarten, sind wir fremdbestimmt. Wir richten unser Leben dann nach den verschiedensten »man sollte« und »müßte« aus. Wenn dies die Hauptantriebskraft unseres Verhaltens ist, sind wir auf dem besten Wege, depressiv zu werden.

Der Apostel Paulus ist ein gutes Beispiel für ein von innen gelenktes Leben. Im Galaterbrief berichtet er, wie er Petrus dessen heuchlerische, fremdbestimmte Haltung in der Öffentlichkeit vorhielt. Petrus hatte sich von der Tischgemeinschaft mit Heidenchristen zurückgezogen, als Judenchristen dazukamen, aus falscher »Rücksicht« auf die letzteren.

Philippus folgte dagegen spontan der inneren Führung des Heiligen Geistes und stieg zu dem äthiopischen Eunuchen in den Wagen.

Als Christen haben wir eine einzigartige Möglichkeit, eine innere Ausrichtung zu entwickeln. Gott hat durch seinen Heiligen Geist in uns Wohnung genommen. Der Heilige Geist wird so zur inneren Orientierung für den Christen. Er wirkt im Kern unseres Wesens und hat die Aufgabe, uns zu führen und zu leiten. Er ist so fest in unserer Seele verankert, daß wir uns in der Regel seiner Wirkung gar nicht bewußt werden.

Wenn wir ein geistliches Leben führen, d. h. so leben, daß wir uns dem Einfluß des Heiligen Geistes öffnen, lenkt er unsere Schritte und unsere Entscheidungen und gibt unserem Leben eine bestimmte Richtung.

Geistlich leben heißt, sich vom Heiligen Geist erfüllen und leiten zu lassen. Dazu gehört auch, daß wir uns unsere Schuld bewußt machen, sie vor Christus bekennen und darauf vertrauen, daß wir weiterhin unter der Leitung des Heiligen Geistes stehen. So erhält unser Leben eine innere Ausrichtung, und wir werden unabhängig von der Meinung anderer Menschen.

Die Bereitschaft, sich selbst als Original zu erkennen

Es ist für die Entwicklung eines nicht-depressiven Lebensstils entscheidend, daß wir uns selbst als einmalig erkennen und wertschätzen.

Wir alle neigen dazu, uns mit anderen zu vergleichen. Wir bewundern einen anderen Menschen, merken, woran es uns im Vergleich zu ihm mangelt – und werden depressiv. Wir fühlen uns zu kurz gekommen, minderbegabt und zweitklassig.

Paulus lehnt ein solches Vergleichsdenken ab: »Denn wir wagen nicht, uns unter die zu rechnen oder mit denen zu vergleichen, die sich selbst empfehlen; aber weil sie sich nur an sich selbst messen und mit sich selbst vergleichen, verstehen sie nichts« (2. Kor. 10,12).

Wir tun uns einen schlechten Dienst, wenn wir uns mit anderen vergleichen. Wenn wir sein wollen wie andere und auf sie neidisch sind, vergessen wir, daß jeder von uns als Original geschaffen wurde.

Ein Beispiel für unsere Originalität sehen wir an unserem eigenen Gesicht. Wir alle haben eine Nase, Augen, einen Mund, zwei Wangen, eine Stirn und eine gewisse Menge Haare auf dem Kopf. In diesen Merkmalen sind wir uns alle gleich. Doch auf der ganzen Welt werden wir nicht zwei Gesichter finden, die sich genau gleichen (von eineiigen Zwillingen einmal abgesehen). Dasselbe gilt für unsere Gaben, unseren Verstand oder unsere Lebenserfahrung. Jeder Mensch ist ein Original.

Die Grundmuster christlicher Freiheit einüben

Die innere Freiheit ist ein entscheidender Faktor, wenn wir wirklich wir selbst, von innen her gelenkt und nicht fremdbestimmt sein wollen. Hier einige Überlegungen, die uns den Weg zur Freiheit weisen.

1. Unsere einzig echte Freiheit besteht darin, Diener Jesu Christi zu sein. Das klingt wie ein Widerspruch. Doch wenn wir nicht Diener Jesu sind, sind wir Sklaven der Sünde: »Denn als ihr Knechte der Sünde wart, da wart ihr frei von der Gerechtigkeit. Nun aber, da ihr von der Sünde frei und Gottes Knechte geworden seid, habt ihr darin eure Frucht, daß ihr heilig werdet; das Ende aber ist das ewige Leben« (Röm. 6, 20.22).

2. Als Diener haben wir die Freiheit, unser Leben im Sinn und Geist Jesu Christi zu führen. Das gilt besonders für die Bereiche, in denen die Bibel keine direkten Anweisungen gibt.

3. Eines der biblischen Verhaltensmuster zeigt uns, wie wir mit einem schwächeren Mitchristen, der das Wesen der Freiheit noch nicht verstanden hat, umgehen sollen: »Es ist besser, du ißt kein Fleisch und trinkst keinen Wein und tust nichts, woran sich dein Bruder stößt« (Röm. 14,21).

Unsere Freiheit darf nicht dazu führen, daß wir einem schwächeren Mitchristen zum Anstoß werden oder ihn vom Glauben abbringen.

In neutestamentlicher Zeit war das beste Fleisch gerade gut genug für den Götzentempel. Ein neubekehrter Christ, der erst vor kurzem selbst solche Götzenopfer dargebracht hatte und dieses Fleisch nun als den Göttern geweiht betrachtete, könnte möglicherweise seinen Glauben verlieren, wenn er einen anderen Christen solches Fleisch essen sähe.

4. Wenn nun ein schwächerer Christ wegen eines bestimmten Verhaltens Gewissensbisse hat, heißt das jedoch nicht, daß

wir uns »fremdbestimmen« lassen und unsere Freiheit nicht mehr ausleben sollen. Unsere Liebe für den schwächeren Bruder kann uns auch dazu bewegen, ihm christliche Freiheit vorzuleben und ihm zu helfen, selbst in diese Freiheit hineinzuwachsen.

Wie verzerrt das Gewissen eines Schwachen sein kann, zeigt das fast lächerliche Beispiel eines Mannes, der mir einmal gestand, er könne keine Erdnußbutter auf dem Brot essen. Er berief sich auf eine alttestamentliche Satzung, nicht »zweierlei Samen« zu vermengen, in diesem Falle Erdnüsse und Getreide.

Niemals die Freiheit zu praktizieren, weil ein schwächerer Mitchrist Gewissensbisse bekommt, ist sicher nicht im Sinne der Bibel. Wir würden unser Leben ständig nach den falsch gepolten Gewissen anderer Leute ausrichten und so unser Verhalten von unreifen Denkstrukturen bestimmen lassen, ohne je die Freiheit auszuleben, die uns in Christus zur Verfügung steht.

5. Auch als Christen machen wir Fehler und müssen uns daher mit den Schuldgefühlen befassen, mit denen unser Gewissen darauf reagiert.

Vor Jahren hörte ich den Satz eines Radiopredigers: »Das Gewissen ist die Fußspur Gottes im menschlichen Herz.« Das ist jedoch nur bedingt richtig. Vielleicht gab es einmal eine Zeit, da unser Gewissen ein unfehlbarer Anzeiger für gut und böse war. Heute ist das Gewissen jedoch häufiger die »Fußspur« des sozialen Umfelds eines Menschen. Wir können wegen aller möglichen Verhaltensweisen Schuldgefühle entwickkeln, selbst wenn gar keine Schuld vorliegt. Ein schwacher Christ hat, aus welchem Grund auch immer, das Gefühl, es sei falsch, Erdnußbutter auf dem Brot zu essen. Das ist nun sicher keine Sünde. Unser Gewissen ist also nicht unbedingt immer im Einklang mit dem Willen Gottes.

Schuld ist objektiv, und wir können sie nicht fühlen. Ich begehe Schuld, wenn ich den Willen und somit die Heiligkeit Gottes mißachte. Schuldgefühle dagegen sind subjektiv. Sie können, aber müssen nicht unbedingt auf tatsächliche Schuld zurückgehen. Wenn ich eine falsche Aussage mache, werde ich schuldig. Ob ich danach Schuldgefühle empfinde, hängt davon ab, wie empfindsam ich bin und ob ich solches Verhalten als Sünde ansehe. Dies wiederum hängt ab von meiner Erziehung und meiner Kenntnis der Heiligen Schrift. Je besser ich das Wort Gottes verstehe, desto angemessener werden meine Schuldgefühle sein.

Es gibt in der christlichen Psychologie eine Bewegung, die Bekenntnis und Beichte abschaffen will, selbst wenn objektiv Schuld vorliegt. Doch das Bekenntnis spielt eine wichtige Rolle für die Vergebung der Schuld, die Wiederherstellung der Beziehung zu Gott und die Befreiung von Schuldgefühlen (die sich ja auf echte Schuld beziehen, wenn wir gesündigt haben). Erst, wenn wir lernen, Schuld zu bekennen, können wir erleben, wie die Schuld von uns genommen und das bedrückte Gewissen entlastet wird.

Mit Hilfe der in diesem Kapitel aufgezeigten Verhaltensweisen und Einstellungen kann es uns gelingen, einen Lebensstil zu entwickeln, der unsere seelische Gesundheit fördert und erhält.

Selbstmord

Ich war noch nicht lange Pastor, als ein völlig verzweifelter junger Mann zu mir kam, dessen Frau sich das Leben genommen hatte. Sie hatte vor kurzem ein Kind bekommen und litt offenbar an einer Wochenbettpsychose. Eines Nachts verließ sie das Haus, und man fand sie später nicht weit entfernt in einem Feld, das wegen der Frühjahrsüberschwemmung eines kleinen Flusses zwanzig Zentimeter unter Wasser stand – dort hatte sie sich ertränkt. Der junge Ehemann konnte es nicht fassen, daß er seine geliebte Frau verloren hatte.

Selbstmord ist nicht nur ein Problem unserer modernen Gesellschaft, sondern er kommt auch unter Christen vor. Vielleicht hat der eine oder andere Leser dieses Buches einen Angehörigen oder Freund auf diese Weise verloren. Andere werden vielleicht später einmal mit Selbstmord oder Selbstmorddrohung innerhalb ihrer Familie konfrontiert werden. Und manch einer mag sich selbst mit Suizidgedanken tragen.

Die Beziehung zwischen Selbstmord und Depression

Selbstmord steht fast immer im Zusammenhang mit Depression. Ein optimistischer, erfolgreicher Mensch, der freudig in die Zukunft sieht, wird kaum den Wunsch verspüren, seinem Leben ein Ende zu setzen.

Wer Selbstmord begeht, hat das Gefühl, keine andere Wahl mehr zu haben. Wenn der tief depressive Mensch seine Lebenssituation überdenkt, scheint es ihm, als gäbe es keinen Ausweg aus seiner Misere. Sein Leben ist unerträglich. Er sieht keine andere Möglichkeit, als sich das Leben zu nehmen.

153

Ein Außenstehender kann kaum nachvollziehen, was in einem Menschen vorgeht, für den der Selbstmord tatsächlich zur ernsthaften Alternative wird. Dem schwer depressiven Menschen drängt sich der Gedanke an Selbstmord immer wieder auf und erscheint mit der Zeit als die einzige Möglichkeit, den großen Leidensdruck zu beenden. Sobald die Depression etwas nachläßt und der Mensch wieder ein wenig Kraft zum Handeln zurückgewinnt, geht er daran, sein Vorhaben in die Tat umzusetzen.

Brennende Fragen!

Nachdem auch unter Christen die Selbstmordrate gestiegen ist, möchte ich im folgenden einige Fragen aufgreifen, die viele Christen bewegen:

1. Wie kann jemand, der eine verantwortliche, leitende Stellung in der Gemeinde innehat, der sich von Gott zu diesem besonderen Dienst berufen weiß, überhaupt an Selbstmord denken? (Auch Don und ich haben Selbstmordgedanken gehabt!)

2. Wie kann sich ein normaler Mensch das Leben nehmen?

3. Kann ein wirklich gläubiger Christ überhaupt ernsthaft an Selbstmord denken und sich dann tatsächlich das Leben nehmen?

4. Beendet ein Christ durch Selbsttötung seine Beziehung zu Gott, weil er eine Sünde begeht, für die er hinterher nicht mehr um Vergebung bitten kann?

Wir müssen uns immer wieder klarmachen, daß unsere Pastoren, Lehrer und Seelsorger ganz gewöhnliche Menschen sind. Oft haben sie sogar noch mehr mit Streß, Verlusterlebnissen, familiären Schwierigkeiten oder Angriffen Satans zu kämpfen als gewöhnliche Gemeindeglieder. Sie sind folglich nicht mehr gegen Selbstmord gefeit. Deshalb ist es Aufgabe der Gemeinde, diese besonderen Diener Gottes zu unterstützen und für sie zu beten.

Viele glauben, daß bei einem Selbstmord stets der Teufel seine Hand im Spiel habe. Doch läßt sich keinesfalls jede depressive Phase auf dämonische Ursachen zurückführen. Biochemische Prozesse, Umwelteinflüsse und seelische Krisen liefern genügend Gründe für Depressionen. Auch ein Selbstmord muß nicht unbedingt auf satanischen Einwirkungen beruhen.

Andererseits können okkulte Einflüsse Verlusterlebnisse, gestörte Beziehungen oder andere Nöte zur Folge haben, die dann zu Depressionen führen. Satan als »Fürst dieser Welt« kann eine tiefe Depression so für sich ausnützen, daß der Betroffene keinen anderen Ausweg mehr sieht, als seinem Leben ein Ende zu setzen.

Der Selbstmord eines Christen – eines Gliedes am Leib Christi, der Gemeinde – ist immer ein schwerer Verlust, nicht nur für dessen direkte Angehörige, sondern für die ganze Gemeinde. Jeder Gläubige ist mit geistlichen Gaben ausgerüstet, die er zum Nutzen seiner Gemeinde einsetzen darf. Manch einer verfällt in Depressionen, weil er seine Gaben nicht erkennt und einsetzt und er sich daher nutzlos vorkommt. Der Selbstmord eines Christen beeinträchtigt in jedem Falle das Wirken der Gemeinde Christi auf dieser Erde.

Wie steht es nun um die geistige Verfassung des Selbstmörders? Sind Leute, die sich das Leben nehmen, nicht offensichtlich geistesgestört? Wenn wir das glaubten, wäre die Frage nach dem ewigen Schicksal des gläubigen Selbstmörders überhaupt kein Problem. Ein wirklich Geistesgestörter, der nicht zurechnungsfähig ist, kann für seine Handlungen nicht verantwortlich gemacht werden.

Aber gilt das in gleicher Weise für den depressiven Selbstmörder? Ist es ihm tatsächlich nicht mehr möglich, bewußt zu wählen?

Manche Selbstmörder sind bestimmt geistesgestört. Viele jedoch, die sich das Leben nehmen, entscheiden sich ganz bewußt für die Selbstzerstörung, da sie dies als einzigen Ausweg aus ihrer hoffnungslosen Situation sehen.

Andere, die sich mit Selbstmordgedanken tragen, sehen und wählen bessere Wege zur Lösung ihrer Lebensprobleme. Wir können also den Selbstmord nicht allein einer geistigen Verwirrung zuschreiben. Wenn das so wäre, würde keiner, der sich das Leben nimmt, die Bedeutung dieser allerletzten Verzweiflungstat begreifen. Doch viele Selbstmörder wissen sehr genau, was sie tun!

Können Menschen, die an Jesus Christus glauben, überhaupt ernsthaft an Selbstmord denken? Diese Frage muß eindeutig bejaht werden. Christen sind keineswegs immun gegen Selbstmord.

Unter dem Druck der Depression sind Selbstmordgedanken nichts Ungewöhnliches. Während einer schweren, langanhaltenden Depression, angesichts einer scheinbar hoffnungslosen Situation, hat sich schon mancher Christ das Leben genommen. Diese Menschen haben ihre Lebensumstände falsch eingeschätzt und nicht alle Alternativen bedacht. Die Depression hat ihr Denken verzerrt. Aber sie sind und bleiben Kinder Gottes, Christen, die Opfer eines seelischen Tiefs wurden.

Viele Christen glauben, daß Selbstmord eine Sünde ist, für die es keine Vergebung gibt. Ein Mensch, der seinem Leben ein Ende setzt, sei ja nicht mehr in der Lage, Buße zu tun und seine gestörte Beziehung zu Gott wieder in Ordnung zu bringen.

Hier wird ganz offensichtlich das Evangelium von der Gnade Gottes nicht recht verstanden. Die einzige Sünde, die uns von der Gemeinschaft mit Gott ausschließt, ist die Sünde des Unglaubens, das heißt, daß ich nicht auf Christus und sein Erlösungswerk vertraue. Daß der Selbstmörder seine Tat nicht mehr als Sünde bekennen kann, ist in diesem Zusammenhang nicht ausschlaggebend.

Gottes Vergebung, die er mir als seinem Kind zusagt, gilt für alle vergangene, gegenwärtige und zukünftige Schuld meines Lebens. Wenn unsere Erlösung davon abhinge, daß wir jede Sünde, die wir jemals begangen haben, bekennen müßten, so wären wir alle verloren. Wir alle haben Schuld auf uns geladen, der wir uns entweder nicht bewußt waren oder die wir vielleicht überhaupt nicht als Schuld ansahen. Jesus hat unsere Sünde dennoch gesühnt.

Das durch eigene Hand herbeigeführte tragische Ende eines Menschenlebens macht die Wirkung der Gnade Gottes für dieses Leben keineswegs ungültig. Wir können gewiß sein, daß Christen, die ihrem Leben durch Selbstmord ein Ende gesetzt haben, als Erlöste in der Gemeinschaft ihres himmlischen Vaters leben.

Risikofaktoren

Die meisten Menschen, die sich das Leben nehmen, haben ihre Tat vorher angekündigt. Diese Ankündigung ist ein Hilferuf. Wir müssen jede Andeutung des Selbstmords sehr ernst nehmen und genau zuhören. Wer ernsthaft an Selbstmord denkt, entwickelt ganz konkrete Vorstellungen, auf welche Weise er sich das Leben nehmen könnte. Wir sollten versuchen, im geeigneten Moment auf diese Vorstellungen zu sprechen zu kommen.

Wir brauchen jedoch nicht ständig um das Leben eines Menschen zu fürchten, nur weil er an einem bestimmten Punkt seines Lebens einmal selbstmordgefährdet war. Auch Menschen, die nahe daran waren, sich das Leben zu nehmen, können wieder Hoffnung schöpfen. Der Satz: »Einmal selbstmordgefährdet – immer selbstmordgefährdet« trifft keineswegs zu.

Ein Mensch, der sich mit dem Gedanken an Selbstmord trägt, möchte doch im Grunde genommen gar nicht sterben. Die meisten würden lieber ihre Probleme bewältigen und am Leben bleiben. Daher sind Selbstmordgefährdete in der Regel sehr zugänglich für Seelsorge oder Therapie – sie wollen ja Hoffnung schöpfen. Wir dürfen niemanden, der sich das Leben nehmen will, als hoffnungslos aufgeben.

Selbstmord ist auch kein »Familienschicksal«. Es kommt zwar vor, daß in manchen Familien Selbstmord sozusagen »Schule macht«. Es gibt aber keine erbliche Veranlagung zum Selbstmord. Lassen Sie sich von solchen Theorien nicht verunsichern!

Der Selbstmord wird meistens dann unternommen, wenn sich der Zustand des Depressiven ein wenig gebessert hat. Ein schwer depressiver Mensch bringt kaum die Energie auf, sich das Leben zu nehmen. Sobald sich jedoch der dichte Schleier der Depression ein wenig lüftet, beginnt die Zeit der größten Selbstmordgefährdung. Jetzt gilt es, den Depressiven besonders aufmerksam zu begleiten.

Das Risiko der Selbsttötung erhöht sich, wenn der Betreffende schon mehrere Selbstmordversuche hinter sich hat. Selbst wenn diese nur halbherzig unternommen wurden, haben sie doch dazu beigetragen, den Selbsterhaltungswillen zu schwächen.

Ein hohes Selbstmordrisiko besteht auch dann, wenn der Betreffende selbstzerstörerische Verhaltensmuster oder Denkstrukturen entwickelt. Dazu gehören zum Beispiel Wahnvorstellungen oder die ständige gedankliche Beschäftigung mit Selbstmord.

Ich erinnere mich an eine Kunststudentin, die von der Vorstellung des Selbstmords geradezu besessen war. In fast jeder ihrer künstlerischen Darstellungen von Menschen sah man eine Schiene an Arm oder Bein, die eine schwere körperliche Verletzung andeuten sollte. Sie selbst erwog zu dieser Zeit den Selbstmord als ernsthafte Lösung ihrer Lebensprobleme.

Das Selbstmordrisiko ist ebenfalls erhöht, wenn ein Depressiver vor kurzem einen schweren Verlust erlitten hat oder wenn ein solcher Verlust unmittelbar bevorsteht. Für einen Mann in den Fünfzigern ist es angesichts der heutigen Beschäftigungslage ein schwerer Schlag, wenn er seinen Arbeitsplatz verliert. Er hat kaum Hoffnung, jemals wieder eingestellt zu werden, und so schleicht sich allmählich ein Gefühl der Nutzlosigkeit ein.

Manche Menschen können oder wollen keine Hilfe annehmen. Sie sind eher in der Gefahr, sich das Leben zu nehmen, als die, die bereit sind, an ihren Problemen zu arbeiten.

Bei Menschen, die aus einer inneren Kraftquelle leben, ist das Selbsttötungsrisiko geringer. Eine solche Kraftquelle ist beispielsweise die Fähigkeit, echte menschliche Beziehungen aufzubauen. Ein Mensch, der Kontakt zu anderen hat, fühlt sich nicht so einsam und wird verständnisvolle Begleiter finden, die ihm helfen, seine schwere Last zu tragen.

Die stärkste Kraftquelle ist jedoch die Verbindung zur christlichen Gemeinde und die Beziehung zu Jesus Christus als unserem besten Freund.

Seelisch Belastete und ihre Angehörigen und Freunde dürfen eines wissen: Christus hat uns zugesagt, daß er jeden Verlust zu einem Gewinn machen kann, etwas, das unser inneres Wachstum fördert. Jesu Freundschaft hört niemals auf, und seine Beziehung zu uns ist enger als die vertrauteste menschliche Beziehung. Er kann uns neue Wege zeigen, an die wir niemals gedacht hätten. Und er steht uns in unserer Not in ganz besonderer Weise zur Seite.

Die Beziehung zu Christus ist eine unerschöpfliche Kraftquelle, die das Selbstmordrisiko beträchtlich verringert.

Besondere Probleme
von Christen

»Psychisch Kranke sind vom Teufel besessen. Man geht ihnen am besten aus dem Weg.«

»Menschen, die ein geistliches Leben führen, werden nicht seelisch krank.«

»Es wäre mir unangenehm, wenn andere erführen, daß ich in psychotherapeutischer Behandlung war.«

»Depression ist Sünde.«

»Wenn ich die Gaben und Verheißungen Christi nur richtig annehmen würde, hätte ich keine seelischen Probleme.«

»Durch vermehrtes Bibellesen und Gebet werde ich meine psychischen Nöte überwinden.«

»Gott würde doch niemals die Depression benutzen, um mich in das Bild seines Sohnes zu verwandeln.«

Bis vor kurzem noch hat der Bereich der psychischen Krankheiten bei vielen Christen Mißverständnisse und Ängste ausgelöst. Wenn nun wir selbst oder einer unserer Angehörigen seelisch krank werden, empfinden wir dies als einen Makel. Wir haben Einstellungen entwickelt, die unrealistisch und naiv sind, wie die obigen Zitate zeigen.

Auch Don berichtet von solchen Ängsten und Zweifeln. »Wie ist es möglich, daß ein Geistlicher eine derartige Erfahrung macht? Psychotherapie hat nur geringen Wert für einen Christen. Es ist eine Schande, solche seelischen Nöte zu entwickeln!«

Wir Christen müssen uns von solchen Vorstellungen befreien. Wir dürfen uns zu unseren seelischen Problemen bekennen und fachkundige Hilfe in Anspruch nehmen. Leider sind wir oft zu wenig informiert, zu verlegen oder ängstlich, als daß wir uns um solche Hilfe bemühen.

In diesem Kapitel möchte ich versuchen, mit falschen Vorstellungen und Mißverständnissen aufzuräumen, die unseren seelischen Zustand verschlechtern und einer Heilung im Wege stehen können.

Psychische Krankheit und Okkultismus

Psychische Krankheiten wurden seit Menschengedenken mißverstanden. Wer an einer solchen Krankheit litt, galt als unheilbar und wurde aus der Gesellschaft ausgeschlossen. Und wenn man sich doch um solche Menschen kümmerte, so wurden sie oft nicht besser gehalten als Tiere. Viele landeten auch hinter Gittern oder wurden wegen angeblicher Besessenheit auf dem Scheiterhaufen verbrannt.

In den letzten hundert Jahren hat sich die Wissenschaft jedoch zunehmend bemüht, solche Phänomene zu verstehen und zu behandeln. Diese Bemühungen hatten positive Folgen: Die Öffentlichkeit zeigt heute im allgemeinen ein größeres Verständnis für psychisch Kranke. Psychologie und Psychiatrie werden als medizinische Disziplinen ernst genommen.

Unter Christen sieht das Bild jedoch etwas anders aus. Wir verharren weiterhin in unseren abergläubischen Ängsten und falschen Vorstellungen.

Psychische Krankheiten werden von vielen Christen sofort mit Okkultismus in Verbindung gebracht. Nun gibt es tatsächlich Fälle, wo verzerrte Denkstrukturen und abnorme Verhaltensmuster auf dämonischen Einfluß zurückzuführen sind. In seltenen Fällen greift Satan selbst den Menschen direkt an. Er ist unser Feind, und es ist sein Ziel, unser Leben zu verwirren und zu zerrütten. Aber es ist nicht leicht, festzustellen, ob ein solch direktes Einwirken des Feindes vorliegt.

Satan die Verantwortung für alle psychischen Krankheiten zuzuschreiben, hieße, die persönliche Verantwortung für unsere Entscheidungen und unser Verhalten zu leugnen. Wenn man alle Schuld auf den Teufel schiebt, ist die Ausrede schnell zur Hand: »Der Teufel hat mich dazu getrieben.« Diese Haltung aber verschleiert die wahren Ursachen für unseren Zustand.

Es gibt psychische Krankheitsbilder, die unserem Verständnis nur schwer zugänglich sind. Deshalb werden Erscheinungen wie zwanghaftes Denken und Handeln, schwere Depressionen und Wahnvorstellungen allzuleicht dem Reich der Finsternis zugeschrieben.

Dean ist ein Lehrer, der während des Unterrichts ununterbrochen Stimmen hört. Diese Stimmen scheinen darüber im Streit zu liegen, wer von ihnen die Kontrolle über Dean ausübt, während dieser seine Klasse unterrichtet. Dean ist nahe daran, durchzudrehen. Wie leicht tun wir einen solchen Zustand als »dämonisch« ab, statt zu erkennen, daß wir es hier mit Wahnvorstellungen als Symptom einer bestimmten psychischen Krankheit zu tun haben.

In unserer Welt gibt es genügend Unvollkommenheit und Unordnung, um den Boden für eine solche geistige Verwirrung zu schaffen. Dazu braucht es keinen direkten Angriff des Satans. Wir sind unvollkommen und leben in einer unvollkommenen Welt. Selbst wenn uns der »Fürst dieser Welt« völlig in Ruhe läßt, können wir dennoch seelisch krank werden.

Wir müssen uns vor Augen halten, daß auch unsere Seele unvollkommen ist. Und diese Unvollkommenheit sollten wir nicht anders behandeln als die Unvollkommenheit unseres Körpers. Keiner wird »schief angesehen«, wenn seine Nieren versagen oder sein Kreislauf zusammenbricht.

Ebenso ist auch unsere Seele krankheitsanfällig. Jeder von uns ist zumindest ein klein wenig »neurotisch«. Jeder von uns könnte eines Tages ernsthaft seelisch krank werden. Wenn wir als christliche Gemeinde uns diese Erkenntnis zu eigen machten, würden wir sinnvoller mit seelischen Problemen umgehen. Ganz sicher würden wir solchen Problemen unvoreingenommener begegnen, würden wir nicht sofort dämonische Einflüsse annehmen, sondern begreifen, daß vielfach umweltbedingte oder innerpsychische Ursachen vorliegen.

»Geistliche Menschen erleiden keinen Zusammenbruch«

Von dieser irrigen Vorstellung wurde ich ein für allemal befreit durch die Depression meiner Frau. Mary Ann ist ein einfühlsamer, gelassener und geistlich gesinnter Mensch. Und doch erlitt sie einen seelischen Zusammenbruch, von dem sie sich erst nach fünf Jahren vollends erholte.

Wenn wir die Meinung vertreten, daß geistliche Menschen nicht depressiv werden, belasten wir einen seelisch kranken Christen noch zusätzlich mit Schuldgefühlen. Er wird deshalb entweder seinen seelischen Zustand verleugnen oder unter der Vorstellung leiden, als Christ versagt zu haben. Beides blokkiert nicht nur eine Heilung, sondern verschlimmert den Zustand meist noch.

Wir leben als unvollkommene Menschen in einer unvollkommenen Welt. Diese Unvollkommenheit werden wir erst bei unserer Auferstehung ablegen. Nur ein absolut vollkommenes geistliches Leben ohne jegliches Versagen würde uns jetzt schon gegen seelische Krankheit immun machen.

Doch wir wissen nur zu gut, daß wir immer wieder versagen. Wir alle nehmen von Zeit zu Zeit die Führung unseres Lebens selbst in die Hand. Wir alle sündigen. Auch Menschen, die ein geistliches Leben führen, laden Schuld auf sich. Auch sie reagieren manchmal aggressiv. Auch sie verdrängen die Wahrheit und greifen zur Lüge. Auch sie fallen in Glaubenszweifel. Und auch sie erleiden Nervenzusammenbrüche und werden schwer depressiv.

In mancher Hinsicht sind geistlich gesinnte Menschen empfindsamer und daher sogar empfänglicher für Depressionen als andere.

»Ich empfinde meinen Zustand als Makel«

Jerry war Diakon und von der ganzen Gemeinde geachtet. Kaum einer wußte jedoch von seinen schweren Eheproblemen. Um seine Anonymität zu wahren, traf er sich mit seinem Therapeuten in einem Lokal des Nachbarortes, wo man ihn nicht kannte.

Christen tun sich oft sehr schwer, ihre Probleme zuzugeben und fachkundige Hilfe in Anspruch zu nehmen.

Diese Scheu zeigt sich auf vielerlei Weise: Manche bitten telefonisch um Informationen, ohne ihren Namen zu nennen, andere machen Termine unter einem fremden Namen aus. Viele wollen ihren Therapeuten an einem neutralen Ort treffen: in einem Lokal, bei sich oder bei ihm zu Hause, in einem Park. Manche nehmen noch nicht einmal ihre Krankenversicherung in Anspruch aus Angst, »entdeckt« zu werden.

Dieses Verhalten zeigt unsere Einstellung zu seelischen Krankheiten: Nur schwache Menschen werden seelisch krank. Daher ist es so wichtig, daß wir lernen, Krankheiten der Seele nicht mit anderen Maßstäben zu messen als Krankheiten des Körpers. Dann wird sich auch unsere Einstellung zu ihrer Behandlung ändern. Kaum jemand schämt sich einer körperlichen Krankheit. Und es besteht kein Grund, die Erkrankung der Seele mit anderen Augen zu sehen.

Unsere Scheu und Verlegenheit würde auch abnehmen, wenn wir in Seelsorge und Therapie eine »Gnadengabe« Gottes für die Bedürfnisse und Nöte der Gemeinde sähen. Im Römerbrief nennt Paulus die Ermahnung als eine der Gnadengaben (Römer 12,8). Das griechische Wort für »Ermahnung« hat zugleich die Bedeutung von »Beistand« – einer, der dem anderen zur Seite steht und ihn aufrichtet. Ein gläubiger Therapeut übt also eine Gnadengabe aus, wenn er einen anderen Christen helfend begleitet.

Die Gemeinde fürchtet sich ja auch nicht vor den Gaben des Pastors oder des Gemeindehelfers. Warum sollten wir also denjenigen fürchten, der in seelischen Schwierigkeiten Mut und Hoffnung vermittelt?

»Depression ist Sünde«

Depression wird oft fälschlicherweise mit Unglauben gleichgesetzt.

Die Depression verdüstert unseren Blick und hemmt unsere Lebenskraft. Gefühle der Hoffnungslosigkeit und Verzweiflung machen sich breit und bedrücken oft auch Freunde und

Verwandte. Das heißt jedoch nicht, daß dieser Zustand ein Beweis für mangelnden Glauben wäre.

Selbstverständlich kann auch schuldhaftes Versagen zur Depression führen. »Wer seine Sünde leugnet, dem wird's nicht gelingen«, heißt es in Sprüche 28,30. Dies mag manchmal Grund für die Depression eines Gläubigen sein. Aber die Depression an sich ist keine Sünde, sondern höchstens eine Folge der Sünde. Vielleicht ist es hilfreich, uns noch einmal vor Augen zu halten, was bei einer Depression geschieht: Im allgemeinen setzt die Depression als Folge eines Verlusterlebnisses ein. Wenn wir ein negatives Selbstkonzept haben, unreif und unselbständig sind, werden wir mit diesem Verlusterlebnis nur schwer fertig. Der als Reaktion einsetzende, uneingestandene Ärger wird nach innen gerichtet. Wir selbst werden dann zur Zielscheibe unserer Aggression und fühlen uns wertlos, niedergeschlagen und ohne Hoffnung.

Aber diese psychische Kettenreaktion hat ihre Ursache nicht darin, daß unser Glaube zu schwach ist, daß wir gesündigt oder die Verheißungen Gottes vergessen haben.

»Wenn ich die Gaben und Verheißungen Christi nur richtig annehmen würde ...«

Diese Vorstellung ist ähnlich unsinnig wie der Gedanke, daß jemand, der ein »geistliches Leben« führt, nicht depressiv wird.

Die Gaben und Verheißungen Christi stehen uns stets als Kraftquelle zur Verfügung. Wir können diese Kraft jedoch oft nur begrenzt erkennen und in Anspruch nehmen. Wir kommen wohl mit unserer Not zu Gott. Wir wissen, daß er uns das ewige Leben verheißen hat, daß wir auf dieser Erde »Fremdlinge« sind, deren Leben erst nach dem Tod vollends in das Bild Christi verwandelt wird. Sein Geist hat in uns Wohnung genommen und rüstet uns mit mancherlei Gaben aus. Aber es will uns oft nicht recht gelingen, diese Gaben und Verheißungen auf unser Leben anzuwenden.

Nun könnte man in bezug auf körperliche Krankheiten ähnlich argumentieren. Doch die Vorstellung, daß körperliche Krankheit entsteht, weil wir die Gaben und Verheißungen

Christi nicht in rechter Weise verinnerlicht haben, entbehrt jeder biblischen Grundlage.

Zu dem Erlösungswerk, das Jesus durch seinen Tod und seine Auferstehung vollbracht hat, gehört im letzten auch die Befreiung von körperlicher und seelischer Krankheit. Doch diese umfassende Erlösung werden wir erst bei unserer Auferstehung erleben. Wer das nicht wahrhaben will, verstärkt ungewollt die seelische Not eines Christen, der sich im Würgegriff der Depression oder einer anderen seelischen Krankheit befindet.

»Vermehrtes Bibellesen und Gebet wird mich heilen«

Daß vermehrtes Bibellesen und Gebet der einzige Weg zur seelischen Gesundheit sei, ist eine weitverbreitete Auffassung unter Christen.

Der ständige Umgang mit dem Wort Gottes und die innere Verbindung mit unserem Herrn sind ja tatsächlich notwendig, wenn wir im Glauben wachsen wollen.

Depressionen und andere seelische Krankheiten können jedoch unseren klaren geistlichen Blick trüben. Da empfindet einer wegen eines bestimmten Verhaltens übermäßig starke Schuldgefühle. Er hat übertriebene Wunschvorstellungen oder fühlt sich den Anforderungen des Lebens nicht gewachsen. In diesem Zustand kann ein Hinweis auf verstärktes Bibellesen und Gebet den Heilungsprozeß unter Umständen sogar hemmen. Der Betroffene blättert vielleicht aufs Geratewohl in der Bibel und bleibt an einem der Psalmen hängen, in welchem David die Seelenqual seiner eigenen Depression schildert. Der Depressive kann es unter Umständen dann nicht verkraften, die schmerzlichen Erfahrungen eines anderen innerlich auch noch mitzuerleben.

Hier einige Hinweise zu diesem Problem:

1. Versuchen Sie sich klarzumachen, daß in der Regel kein Zusammenhang zwischen Ihrer seelischen Krankheit und Ihrer Gebetspraxis und Bibellese besteht.

2. Gebet und Bibellese sind für unser geistliches Wachstum notwendig. Aber wir sollten sie nicht zur Heilungsmethode für

psychische Krankheiten machen. Eine seelische Verwirrung wird nicht gelöst, nur weil wir mehr beten oder in der Bibel lesen.

3. Regelmäßiges und systematisches Bibelstudium ist nützlich und hilfreich, wenn ein natürliches Bedürfnis danach vorhanden ist und wenn es den Betreffenden nicht noch tiefer in seine Depression stürzt. Gesetzlich gehandhabte Bibellese und Gebet ist für den Heilungsprozeß eher hinderlich.

4. Wir dürfen uns die Freiheit nehmen, Gebet und Bibellese auch einmal eine Zeitlang einzustellen, wenn das Ergebnis nur darin besteht, daß unsere Schwermut vertieft wird. Der gläubige Christ hat ein natürliches Bedürfnis nach der Gemeinschaft mit Gott und der Beschäftigung mit seinem Wort. Mit der Zeit wird sich der Wunsch nach Bibellese und Gebet von selbst wieder einstellen.

Seelische Probleme und der Wille Gottes

Wir tun uns oft schwer, unsere Depression mit dem Willen Gottes in Einklang zu bringen. Doch die Heilige Schrift lehrt uns, daß Gott bei allem, was uns im Leben begegnet, seine Hand im Spiel hat. Von daher erhält jedes Geschehen seinen Sinn. Alle unsere Erfahrungen dienen dem großen Ziel Gottes mit uns, nämlich, uns in das Bild Jesu Christi zu verwandeln.

Schicksalsschläge, Verlusterlebnisse, körperliche Krankheiten und andere schwere Erfahrungen können wir durchaus mit dem Willen Gottes für unser Leben vereinbaren. Viele Christen messen jedoch seelische Krankheit mit anderen Maßstäben. In einer Phase tiefer Depression fällt es uns sehr schwer, innezuhalten und zu überlegen, auf welche Weise sich diese Erfahrung in Gottes Plan für unser Leben einfügt, was er uns dadurch lehren oder welchen neuen Weg er uns damit weisen will. Nur wenige denken in ihrer seelischen Not daran, nach der Bedeutung ihrer Erfahrung zu fragen oder deren positive Aspekte zu sehen. Wir wollen ganz einfach frei sein – frei von unserer Seelenqual und dem damit verbundenen Makel.

Beim Lesen von Don Bakers Bericht haben wir wahrscheinlich gespürt, daß dieser Mann trotz seiner leidvollen Erfahrung

Gott im tiefsten für dieses Erleben dankbar ist. Durch diese schwere Depression ist er heute offener, einfühlsamer und fähig, echte Liebe für seine Mitmenschen zu empfinden.

Don hat durch diese notvolle Erfahrung gelernt, daß der Mensch aus eigener Kraft Gott gar nicht dienen kann. Don ist heute in der Lage, mit jedem Depressiven mitzufühlen, der zu ihm in die Seelsorge kommt, da er selbst diese Einsamkeit und innere Qual durchlitten hat.

Pastor Don Baker von der *Hinson Memorial Baptist Church* ist heute nicht mehr derselbe wie vor fünfundzwanzig Jahren. Durch die vier Jahre der Depression und inneren Verzweiflung hat Gott ihn ein Stück mehr in das Bild Christi verwandelt und ihn zugleich zu einem außergewöhnlichen Dienst befähigt. Don wird nie mehr der Mensch sein, der er vor seiner leidvollen Erfahrung war. Das gleiche gilt auch für uns, wenn es uns gelingt, unser seelisches Leiden als Teil des Willens Gottes für unser Leben zu sehen und anzunehmen.

Wenn ein Therapeut depressiv wird

Ja, auch ich war depressiv. Da diese Depression zum Teil in die Zeit fiel, da ich Don Baker therapeutisch begleitete, möchte ich unser Buch mit meiner eigenen Geschichte abschließen.

1967 nahm ich am Westmont College meine erste Stelle als Psychologe an. Aufgrund bestimmter Ereignisse im Sommer und Herbst 69 wurde ich schwer depressiv. Hinzu kam noch das Gefühl, daß ich von Menschen, die ich sehr schätzte, ausgenutzt wurde.

Ich hatte auch früher schon schwächere depressive Phasen durchgemacht. Diese »Tiefs« waren jedoch stets von relativ kurzer Dauer.

Diesmal jedoch war es anders! Der graue Nebel der Depression wollte nicht weichen. Ich fühlte mich nur noch als halber Mensch. Meine Gedanken drehten sich nur um die eigene Person. Jede Nacht erwachte ich regelmäßig um halb zwei oder zwei. Unruhig warf ich mich hin und her, bis es endlich Zeit zum Aufstehen war. Mir fiel es sehr schwer, mich zu konzentrieren, und obwohl ich meine Lehr- und Beratungstätigkeit weiterführen konnte, war mein Leben völlig durcheinander, mein ganzer Schwung dahin.

Als der Sommer sich seinem Ende zuneigte, verfiel ich immer stärker in diesen depressiven Zustand. Alle Bemühungen »hochzukommen«, schlugen fehl. Einen Tag vor Weihnachten war ich schließlich völlig am Ende. Ich war in einem Sog der Verzweiflung gefangen, der mich immer mehr in die Tiefe zog. Gegen diesen Sog war ich vollkommen machtlos. Ich hatte die Kontrolle über mein Leben verloren.

Zum ersten Mal hatte ich das Gefühl, daß das Leben nicht wert sei, gelebt zu werden. Ich versuchte, mich selbst von der Absurdität dieses Gefühls zu überzeugen, weil mein Verstand mir sagte, daß es jeglicher Grundlage entbehrte. Im selben Jahr hatte ich promoviert und mich ausgesprochen gut gefühlt. Aber jetzt erschien mir das Leben leer und sinnlos.

An diesem Tag mußte ich mich der Erkenntnis stellen, daß ich fachkundige Hilfe benötigte.

Weihnachten ist nicht gerade die beste Zeit, um einen Therapeuten ausfindig zu machen. Ich rief der Reihe nach jeden Psychotherapeuten an, der im Telefonbuch stand (nur jene nicht, die ich persönlich kannte). Aber alle speisten mich ab mit dem Rat, in die Klinik zu gehen. Schließlich war ja Weihnachten, und jeder wollte diesen Tag mit seiner Familie verbringen.

Als ich schließlich begriff, daß sich niemand meiner Not annehmen wollte, wurde ich sehr zornig auf die Psychiater: »Wo bleibt ihr Engagement?« fragte ich mich. »Was für eine gleichgültige Haltung Menschen gegenüber, die Hilfe brauchen!« Ich selbst hatte mir einmal vorgenommen, jederzeit jedem Menschen zur Verfügung zu stehen, der meine Hilfe benötigte.

An diesem Abend geschahen zwei wesentliche Dinge:

Ich war sehr wütend auf die Psychiatrie im allgemeinen und die Therapeuten, die ich angerufen hatte, im besonderen. Diese Wut dämpfte meine Schwermut etwas. Bewußt empfundener Ärger und Depression sind bekanntlich Gefühle, die schwerlich nebeneinander bestehen können.

Zum zweiten traf ich an diesem Abend eine Entscheidung: Ich entschloß mich, diese Erfahrung zu nutzen, um das Phänomen »Depression« besser zu verstehen und mich selbst besser kennenzulernen. Ich würde die Depression mit Hilfe der mir zur Verfügung stehenden Kraftquellen überwinden. Ich begriff, daß diese Erfahrung zum Plan Gottes für mein Leben gehörte, daß ich daraus etwas lernen sollte. Ich entschloß mich zu dem Versuch, diese Erkenntnis in die Tat umzusetzen.

Ich begann alles zu lesen, was sich in meiner Bibliothek zum Thema Depression fand. Ich war fasziniert und verblüfft, als ich erkannte, wie sehr meine innerseelische Dynamik, mein Ärger, meine Selbstsucht und meine Art, Menschen und Ereignisse zu manipulieren, im Zusammenhang standen mit meiner Depression.

Ich kam an einen Punkt, wo es mir ebensosehr darum ging, Erfahrungen zu machen und Erkenntnisse zu sammeln, wie die Depression loszuwerden.

An einem Samstag abend im April erhielt ich einen Anruf vom Vorstand meiner Fakultät: »Emery, ich gebe gerade einen Kurs für vierzig depressive Erwachsene. Könntest du vielleicht einen Vortrag über Depression halten?«

Meine Antwort kam spontan: »Ob ich könnte? Es gibt wohl nichts, was ich besser könnte.«

Innerhalb einer halben Stunde hatte ich meine Erfahrungen der vergangenen sieben oder acht Monate gedanklich geordnet. Am folgenden Morgen ließ ich diese Menschen am Erleben meiner eigenen Depression teilhaben.

Während ich noch redete, fühlte ich, wie sich der Schleier der Verzweiflung hob. Ich hatte das Gefühl, aus der Düsternis aufzusteigen, die mich umfangen hatte, kam mir vor wie ein Korken, der, wenn er unter Wasser losgelassen wird, an die Oberfläche springt.

Als ich meinen Vortrag beendet hatte, war ich frei. Die Schwermut war von mir gewichen, der seelische Schmerz wie weggeblasen. Diese Befreiung lag zum Teil daran, daß ich einen Sinn in meiner notvollen Erfahrung finden konnte.

Heute kann ich mir kaum vorstellen, daß ich einmal so schwer depressiv war.

Die letzten fünf Monate meiner Depression überschnitten sich mit Dons Therapie. Aus diesem Grund konnte ich auch seine Erfahrungen und Gefühle sehr gut nachempfinden. Ihn helfend begleiten zu können, gab mir wiederum das Gefühl, das ich zu dieser Zeit so bitter nötig hatte: nämlich daß mein Leben nicht sinnlos war.

Don und ich haben unsere Erfahrungen niedergeschrieben, um all denen, die an Depressionen leiden oder Depressiven beistehen, neue Hoffnung zu vermitteln und auch einige praktische Hilfen zu geben. Auch das, denke ich, war in Gottes Plan vorgesehen.

Quellenverzeichnis

1 D. Martyn Lloyd-Jones, Geistliche Krisen und Depressionen, Ursachen und Wirkungen, Verlag der Liebenzeller Mission, Bad Liebenzell 1983, Seite 11

2 Bob George, There's No Need to Be Depressed, aus: Moody Monthly, Februar 1982, Seite 7

3 Ebenda, Seite 10

4 Leonard Crammer, Up From Depression, Simon & Schuster, New York 1969, Seite 25

5 Sidney M. Jourard, The Transparent Self, Van Nostrand Reinhold Co., [2]1971

6 Bertram Brown, What You Should Know about Depression, in: U.S. News & World Report vom 9. September 1974

7 Norman Wright, Die Antwort zum Thema Depression, Verlag der Liebenzeller Mission, Bad Liebenzell, [3]1983

Bücher zu wichtigen Themen:

John White

Scheinheilig?
Von der Verweltlichung der Frommen
132 Seiten, ABCteam-Paperback Nr. 347

»In der Welt, aber nicht von der Welt«, kann man das heute noch von den Christen sagen? Haben sie sich nicht viel zu sehr angepaßt? Wo unterscheiden sie sich noch von »der Welt«?

John White legt den Finger auf die Schwachstellen der heutigen Christenheit. Regt man sich nicht viel zu oft über Probleme auf, die gar nicht die eigenen sind? Werden nicht häufig fromme Tabus verteidigt, ohne zu merken, wie stark man selbst von Hochmut, Stolz, Selbstgerechtigkeit und Materialismus geprägt ist?

Schritt für Schritt wird aufgezeigt, wo sich die Christen ihrer Umwelt zu sehr angepaßt haben und wo sie sich andererseits auf falsche Weise von ihr distanzieren. Es werden Wege gewiesen, wie man frei werden kann von den Verlockungen der Welt, ohne wieder kleinlicher Gesetzlichkeit zu verfallen. Humorvoll und doch konsequent führt der Autor zurück zu Gottes Wort und seinen Maßstäben.

»Der Leser wird nicht mit den üblichen Klischees überschüttet, sondern durch die Lektüre angeregt, seine Vorstellungen von Weltlichkeit zu überprüfen.«

PACK'S

Brunnen-Verlag · Basel und Gießen

Lawrence J. Crabb

Die Last des andern
Biblische Seelsorge als Aufgabe der Gemeinde
192 Seiten, ABCteam-Paperback Nr. 348

Das Bedürfnis nach psychotherapeutischer Beratung wird auch unter Christen immer stärker. Wo aber findet man den Therapeuten, der helfen kann, ohne den Glauben außer acht zu lassen?

Beratung – seelsorgerliche Beratung – gehört in den Rahmen der Gemeinde, meint der Autor. Er will Mut machen, »die Last des andern« zu tragen. Dazu muß man allerdings wissen, wie diese Last entstanden ist.

»Nicht immer hat die Stimme Amerikas in Sachen Seelsorge so hell und klar geklungen wie in dem neuen Buch von Lawrence J. Crabb. Der Entwurf einer bibel- und gemeindeorientierten Seelsorge ist aus mehr als einem Grund bemerkenswert. Crabb ermittelt verständnisvoll die Probleme des Ratsuchenden, erprobt sorgfältig die Hilfen der Psychotherapie, erforscht engagiert das biblische Wort, ermahnt den Selbstsicheren freundlich und ermuntert den Verunsicherten sachlich.«

Prof. Dr. Werner Jentsch

»Für die Praxis des Seelsorgers, aber auch für jeden engagierten Christen gibt der Verfasser Einblicke in die Persönlichkeitsstruktur, in Problementstehung und -verlauf und zeigt das klare Ziel einer christozentrischen Seelsorge auf. Anhand leicht praktizierbarer Modelle werden Einstiegsmöglichkeiten und helfende Lernschritte auf drei verschiedenen Schwierigkeitsebenen in enger Verbindung zur Bibel vermittelt.«

Pfarrer Walter Wanner

Brunnen-Verlag · Basel und Gießen